Was bringt Vernetzung im Gesundheitswesen

Sebastian Bönisch

Was bringt Vernetzung im Gesundheitswesen

Eine wirkungsorientierte Betrachtung
interorganisationaler Netzwerke

 Springer VS

Sebastian Bönisch
Frankfurt a. M., Deutschland

Master-Thesis Hochschule Ravensburg-Weingarten, 2016 u.d.T.: Sebastian Bönisch:
„Interorganisationale Netzwerke im Gesundheitswesen. Eine wirkungsorientierte
Betrachtung."

ISBN 978-3-658-16002-9   ISBN 978-3-658-16003-6   (eBook)
DOI 10.1007/978-3-658-16003-6

Die Deutsche Nationalbibliothek verzeichnet diese Publikation in der Deutschen National-
bibliografie; detaillierte bibliografische Daten sind im Internet über http://dnb.d-nb.de abrufbar.

Springer VS
© Springer Fachmedien Wiesbaden GmbH 2017

Gedruckt auf säurefreiem und chlorfrei gebleichtem Papier

Springer VS ist Teil von Springer Nature
Die eingetragene Gesellschaft ist Springer Fachmedien Wiesbaden GmbH
Die Anschrift der Gesellschaft ist: Abraham-Lincoln-Str. 46, 65189 Wiesbaden, Germany

Inhalt

Abbildungsverzeichnis

Tabellenverzeichnis

Abkürzungsverzeichnis

Abb.	Abbildung
AG	Arbeitsgemeinschaft
AOK	Allgemeine Ortskrankenkasse
Art.	Artikel
Aufl.	Auflage
B'90	Bündnis 90
BAR	Bundesarbeitsgemeinschaft für Rehabilitation
BeReKo	Betriebliches Rehabilitationskonzept der Salzgitter AG
Bd.	Band
BGBl	Bundesgesetzblatt
BKK	Betriebskrankenkasse
BMG	Bundesministerium für Gesundheit
BQS	Bundesgeschäftsstelle Qualitätssicherung gGmbH
bspw.	beispielsweise
bzgl.	bezüglich
bzw.	beziehungsweise
ca.	circa
CDU	Christlich Demokratische Union Deutschland
COPD	Chronisch Obstruktive Lungenerkrankung (Chronicle Obstructive Pulmonal Disease)
d. h.	das heißt
DMP	Disease Management Programm
DRG	Diagnosis Related Groups
EBB	Essener Bürger Bündnis
ebd.	ebenda
EFL	Evaluation der funktionellen Leistungsfähigkeit
EKIV	Evaluations-Koordinierungsstelle Integrierte Versorgung
etc.	et cetera
evtl.	eventuell
f.	und folgende Seite

ff.	und mehrere folgende Seiten
FDP	Freie Demokratische Partei
FPG	Fallpauschalengesetz
GEK	Gmünder Ersatzkasse
gem.	gemäß
ggf.	gegebenfalls
GKE	Gesundheitskonferenz Essen
GKV	Gesetzliche Krankenversicherung
GmbH	Gesellschaft mit beschränkter Haftung
GMG	GVK-Modernisierungsgesetz
GOÄ	Gebührenordung für Ärzte
GRG	Gesundheitsreformgesetz
GRW	Gesundheitsnetz Region Wedel
Hrsg.	Herausgeber
HTA	Health Technology Assessment
i. d. R.	in der Regel
i. e. S.	im engeren Sinne
insbes.	insbesondere
IKK	Innungskrankenkasse
ION	Interorganisationale Netzwerke
IV	Integrierte Versorgung
i. V. m.	In Verbindung mit
IVGK	Integrierte Versorgung Gesundes Kinzigtal
Kap.	Kapitel
KBV	Kassenärztliche Bundesvereinigung
KV	Kassenärztliche Vereinigung
KMU	Kleine und mittlere Unternehmen
mbH	mit beschränkter Haftung
MDK	Medizinischer Dienst der Krankenversicherung
Min.	Minute
Mio.	Millionen
Mrd.	Milliarden
MRE	Multiresistente Erreger

NPO	Non-Profit-Organisation
NRW	Nordrhein-Westfalen
o. ä.	oder ähnlich(es)
OECD	Organisation für wirtschaftliche Zusammenarbeit und Entwicklung (Organization for Economic Cooperation and Development)
rd.	rund
RSA	Risikostrukturausgleich
S.	Seite(n)
SDM	Shared Decision Making
sog.	sogenannte(r)
SPD	Sozialdemokratische Partei Deutschlands
Stellv.	Stellvertretend(e)/ Stellvertreter(in)
SVR	Sachverständigenrat
u. a.	unter anderem
u. v. m.	und vieles mehr
usw.	und so weiter
v. a.	vor allen/ vor allem
vgl.	vergleiche
vs.	versus
VSG	Versorgungsstärkungsgesetz
VStG	Versorgungsstrukturgesetz
WSG	Wettbewerbsstärkungsgesetz
z. B.	zum Beispiel
z. Z.	zur Zeit

1 Einleitung

Integrierte Versorgung, Disease-Management-Programme, Selektivverträge: Seit den 90er Jahren ist eine Gesetzgebung zu beobachten, die innovative Gesundheitsprogramme und neue Versorgungsformen ermöglicht und damit Netzwerkstrukturen im Gesundheitswesen fördert. Die Gründe scheinen auf der Hand zu liegen, denn das deutsche Gesundheitssystem ist v. a. geprägt von einer starren Sektoralisierung, insbes. zwischen ambulanter und stationärer Versorgung. Mangelnde Absprachen, unklare Aufgabenzuteilungen und Versorgungsbrüche sind Folgen, die laut Sachverständigenrat zur Begutachtung der Entwicklung im Gesundheitswesen zu Über-, Unter- und Fehlversorgung führen. In der Gestaltung der Schnittstellen und Übergänge läge „noch ein beachtliches Potenzial zur Erhöhung von Effizienz und Effektivität der Gesundheitsversorgung" vor (Sachverständigenrat zur Begutachtung der Entwicklung im Gesundheitswesen 2012, S. 23).

Wesentliches Ziel der letzten gesundheitspolitischen Reformbemühungen waren und sind die Entwicklung und Förderung von „kollaborativer Formen organisationsübergreifender Leistungserbringung, kurzum: die Vernetzung" (Amelung et al. 2009a, S. 9). Doch ist eine stärkere Vernetzung die richtige Antwort auf die Strukturdefizite? Welchen Nutzen bringen Netzwerkaktivitäten von mehreren Akteuren im Gesundheitswesen?

Aus der Beobachtung einer zunehmenden Vernetzung in der Gesundheitsversorgung lässt sich die Hypothese ableiten, dass Netzwerke positive Effekte entfalten. Doch ist ein Nutzen auch tatsächlich nachweisbar? Welche positiven Effekte werden der Vernetzung im Gesundheitswesen in der Theorie zugeschrieben und bestätigen sich diese auch in der Praxis? Ziel der Arbeit ist die Untersuchung interorganisationaler Netzwerke hinsichtlich ihrer Wirkung und ihres Nutzens für Gesundheitsakteure (wie z. B. Krankenhäuser, ambulante Dienste oder Krankenkassen) durch die gemeinsamen Netzwerkstrukturen. Letztlich auch der dadurch entstehende Mehrwert für den Patienten bzw. die Gesundheitsversorgung.

1.1   Problem und Fragestellung der Arbeit

Netzwerke zwischen Organisationen sind nicht neu. So wird ihnen jedoch eine große Zukunft vorausgesagt: Veränderte ökonomische Rahmenbedingungen, innovative technologische Möglichkeiten, regions- und branchenübergreifende Koordinationsansprüche. Sydow tituliert bereits 1992 Unternehmensnetzwerke als eine „traditionelle Organisationsform mit Zukunft" (Sydow 2005, S. 54). Interorganisationale Netzwerke[1] werden in der englischsprachigen Managementforschung „The Organization of the future" (Hinterhuber & Levin 1994, Buchtitel) oder auch als „21st century organization" (Nolan et al. 1988, Buchtitel) bezeichnet.

Gleiches gilt für das Gesundheitswesen. Wer sich mit der strukturellen Weiterentwicklung der Gesundheitsversorgung beschäftigt, kommt um die steigende Anzahl diverser Vernetzungsaktivitäten nicht herum. Auch wenn Netzwerke als Lösung für die Versorgungsprobleme des Gesundheitswesens propagiert werden, ist der Nutzen durch Vernetzung mehrerer Gesundheitsakteure bisher jedoch kaum explizit untersucht worden. Er wird meist als gegeben betrachtet. Doch nur wenn positive Effekte entstehen und aufgezeigt werden, ist eine Investition in Netzwerke durch Organisationen und Politik nachvollziehbar.

Die wissenschaftliche Auseinandersetzung mit der Netzwerkforschung und -praxis in Bezug auf die Wirkung von Vernetzung ist damit naheliegend. Um interorganisationale Netzwerke im Gesundheitswesen zu untersuchen, werden dabei verschiedene methodologische Zugänge (*Abb. 1*) verfolgt.

---

[1] Zur Spezifizierung wird der Begriff in Anlehnung an die aus der Managementforschung (Voß 2002, S. 3; vgl. Belzer 1993, S. 14; Braun 1999, S. 43). stammende Bezeichnung „interorganizational network" verwendet (*s. Kap.* 2). In Erweiterung zu Unternehmensnetzwerken werden dabei auch Non-Profit-Organisationen (u. a. Behörden, Vereine, soziale Organisationen) als Netzwerkmitglieder mit einbezogen (vgl. Voß 2002, S. 3).

Abbildung 1: Betrachtungsebenen von Netzwerken

Phänomenologische Ebene

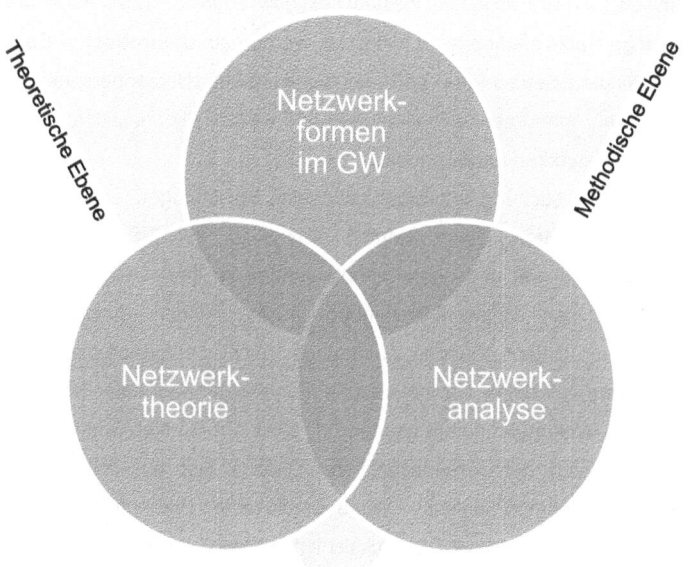

Quelle: Eigene Darstellung (in Anlehnung an die Netzwerkperspektive von Sydow 2005, S. 118f.)

Auf **phänomenologischer Ebene** lässt sich interorganisationale Vernetzung im Gesundheitswesen als ein wahrnehmbares Ereignis beschreiben. Unabhängig der Deutung wird Vernetzung und Kooperation aus unterschiedlichen Motiven gefordert und ist in zahlreichen Formen im Gesundheitswesen zu beobachten, die scheinbar zu einer verbesserten Versorgung beitragen. Dazu stellt sich auch notwendigerweise die Frage nach der genauen Definition und Abgrenzung des Phänomens interorganisationaler Vernetzung. Für die Zielsetzung der Arbeit bildet sich daraus die

1. Fragestellung: Wie äußert sich Kooperation und Vernetzung im Gesundheitswesen?

„Das Fehlen einer geeigneten theoretischen Grundlage (...) zu den Bedingungen und Folgen bestimmter Netzwerkkonfigurationen oder zur Abgrenzung eines Netzwerkes von seiner Umwelt (...) wird allgemein beklagt" (Sydow 2005, S. 125). Auch wenn keine eigenständige Netzwerktheorie zu finden ist, werden auf **theoretischer Ebene** – insbes. zur Wirkungsbetrachtung und der verwendeten Nutzenperspektive – Organisationstheorien, Interorganisationstheorien und weitere ökonomische Ansätze zur Erklärung von Netzwerken angewendet.

Die empirische Untersuchung interorganisationaler Beziehungen erfolgt bereits seit Ende der 70er Jahren. Diese widmen sich v. a. der Entstehung inter-organisationaler Beziehungen und geben Empfehlungen zu ihrer Gestaltung. Eine Wirkungsbetrachtung der Netzwerk-Beziehung wurde in den durchgeführten netzwerkanalytischen Untersuchungen allerdings nicht vorgenommen.[2] Auf **methodischer Ebene** soll daher zur Untersuchung interorganisationaler Netzwerke der Fokus auf deren Wirkungen gelegt werden. Mit Blick auf die Netzwerkforschung wird deutlich, dass sich der wissenschaftliche Diskurs fast ausschließlich mit wirtschaftlichen Unternehmen befasst. Wirkungsrelevante Erkenntnisse daraus sollen in einer Sekundäranalyse mit berücksichtigt werden, auch wenn sich das primäre netzwerkanalytische Vorgehen auf das Gesundheitswesen konzentriert. Erkenntisleitend ist die

2. Fragestellung: Welcher Nutzen ergibt sich aus interorganisationalen Netzwerken für die Netzwerkmitglieder sowie die Gesundheitsversorgung bzw. den Patienten[3]?

---

[2] Sowohl das früheste renommierte englischsprachige Handbuch zur Interorganisationstheorie von Nystrom & Starbuck 1981 als auch der in der US-amerikanischen Organisationslehre etablierte Sammelband von Etzinoie & Lehmann 1980 (die deutsche Managementlehre hat von beiden Werken bisher kaum Kenntnis genommen) befassen sich vorwiegend mit der Erklärung der Entstehung und Organisation von Netzwerken, nicht aber mit dem Nutzen (vgl. Powell 1990, S. 318).

[3] Anmerkung zum Sprachgebrauch:

Auf die Verwendung von Doppelformen oder anderen Hervorhebungen für weibliche und männliche Personen (z.B. PatientIn oder der/die Patient/-in) wird zugunsten der besseren Lesbarkeit verzichtet. Mit allen im Text verwendeten Personenbezeichnungen sind stets beide Geschlechtsformen angesprochen.

1.2   Aufbau und Vorgehensweise

Anhand der verfolgten Zielstellung ergibt sich der nachstehende Aufbau der Arbeit (*Abb. 2*). Die Vorgehensweise wird im Folgenden kapitelweise beschrieben.

Abbildung 2: Aufbau und Vorgehen der Arbeit

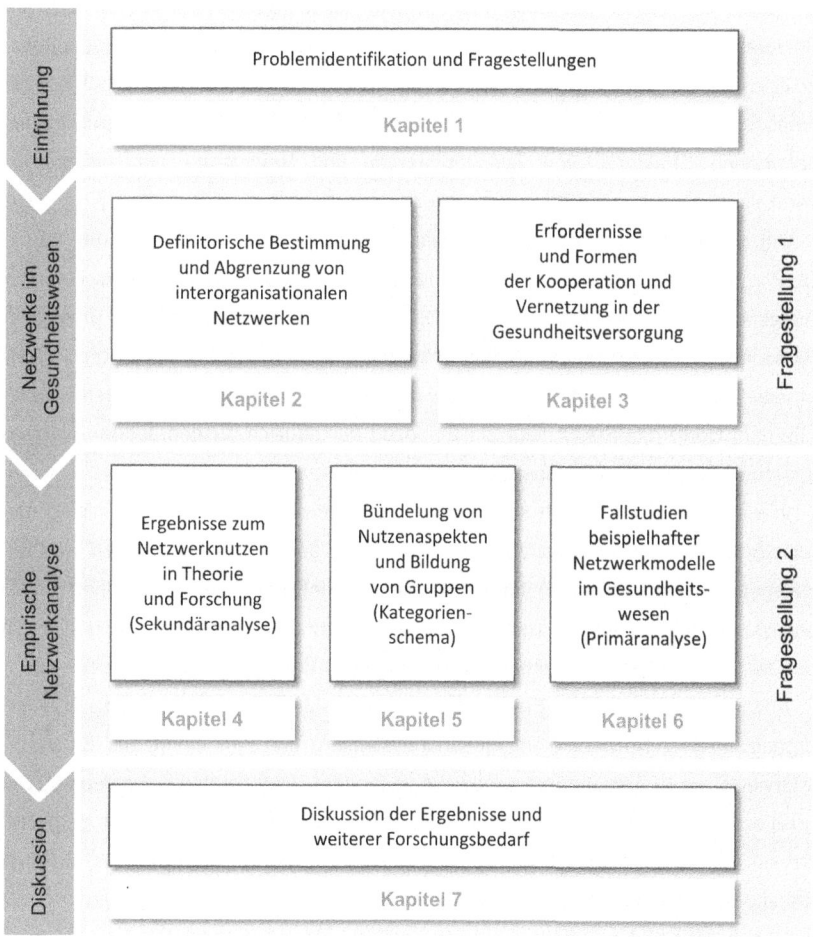

Zu Beginn (**Kap. 2**) ist ein netzwerkartiges Arrangement von einer „losen" Kooperation abzugrenzen. Die Netzwerk-Akteure sind dabei Organisationen im institutionellen Sinne, gehen aber weit über klassische Profit-Unternehmen hinaus (auch Behörden, Vereine etc.).

In der Gesundheitsversorgung (**Kap.** 3) lässt sich die spürbar ausdifferenzierte Vernetzungslandschaft auf unterschiedliche Kooperationserfordernisse zurückführen. Die starre Segmentierung des Leistungsgeschehens in Verbindung mit gesellschaftlichen Veränderungen, wie dem demografischen Wandel, fordert die Koordination und Kooperation der Gesundheitsakteure mehr denn je. Um Sektorengrenzen und Schnittstellen zu überwinden, werden in gesundheitspolitischen Debatten bereits seit Ende des 20. Jahrhunderts Maßnahmen verabschiedet, die Kooperation und Vernetzung fördern. Daraus haben sich höchst heterogene Strukturen von Zusammenarbeit und Vernetzung auf horizontaler, vertikaler und diagonaler Ebene entwickelt.

Um etwas über die Wirkung interorganisationaler Netzwerke zu erfahren, ist ein Blick in die Netzwerktheorie und -forschung (**Kap.** 4) unabdingbar. Für die konkrete Auseinandersetzung mit den positiven Effekten der Vernetzung werden unter dem Blickwinkel einer sekundäranalytischen Wirkungsbetrachtung relevante Forschungsarbeiten und Studien analytisch-deduktiv ausgewertet und dargestellt. Neben Studien aus dem Non-Profit-Sektor liegt ein Einbezug der deutlich ausgeprägteren Nutzenforschung im Unternehmensbereich nahe.

In einem nächsten Schritt sollen die vorliegenden Ergebnisse systematisiert und für ein eigenes empirisches Vorgehen brauchbar gemacht werden. Dazu wird ein Kategorienschema (**Kap.** 5) für Nutzenaspekte entwickelt. Die Kategorien unterscheiden sich in organisationsspezifische Nutzen (für das einzelne Netzwerkmitglied) und systemspezifische Aspekte (Veränderungen im Versorgungsgeschehen).

Anwendung findet das Kategorienschema in fünf Fallstudien (**Kap.** 6) interorganisationaler Netzwerke im Gesundheitswesen, die zum einen aus Experteninterviews und zum anderen aus vorliegendem Datenmaterial bestehen. Die positiven Wirkungen werden anhand der zuvor entwickelten Kategorien gruppiert. Neben klar erkennbaren Parallelen zur Netzwerkforschung konnte das Schema anhand der gewonnen Erkenntnisse erweitert werden.

Neben der Übertragung der empirischen Ergebnisse auf die zuvor ausgewerteten Erkenntnisse, ist v. a. die Relevanz für die Praxis sowie der noch bestehende Forschungsbedarf in einer Diskussion (**Kap.** 7) aufzuzeigen.

2 Zum Begriff des interorganisationalen Netzwerks

In einem Gesundheitssystem mit unterschiedlichsten Akteuren ergibt sich ein komplexes Beziehungsgeflecht aus Kommunikation, Koordination, Kooperation und Integration (vgl. Schwartz, Kickbusch, et al. 2012, S. 244). So nachvollziehbar die Austauschbeziehungen untereinander sind – aus soziologischer Sicht gerade aufgrund von Interessengegensätzen und -abhängigkeiten (vgl. Marin 1996, S. 461) – so wenig eindeutig sind die Begrifflichkeiten[1] dafür. Daher gilt es interorganisationale Netzwerke zu beschreiben und von Austauschprozessen abzugrenzen, die nicht unter dem Begriff „Netzwerk" subsummiert werden sollen.

In der Kooperations- und Netzwerkforschung setzen sich zahlreiche wirtschafts- und sozialwissenschaftliche Arbeiten intensiv mit definitorischen Fragen auseinander (vgl. dazu u. a. Adamek 1980; Argyle 1991; Hage & Alter 1997; Sydow & Windeler 2000). Eine allgemeingültige Beschreibung von Netzwerken ist allerdings in den zahlreichen Definitionsansätzen und Konzepten nicht zu finden. Sydow geht noch einen Schritt weiter und weist nach Sichtung der Netzwerkliteratur darauf hin, dass nahezu jedes phänomenologische Konstrukt von Beziehungen mehrerer Akteure in einem System als Netzwerk beschrieben werden kann, die Festlegung und Definition des Untersuchungsgegenstands obliegt der Entscheidung des jeweiligen Forschers (vgl. Sydow 2005, S. 75).

Desto wichtiger scheint eine Schärfung des hier verwendeten Netzwerkverständnisses zu sein. Als begriffliche Abgrenzung wird zum einen die Definition des interorganisationalen Felds vorgenommen und zum anderen eine definitorische Abgrenzung zwischen Netzwerken und Kooperationen für notwendig erachtet.

---

[1] Die Vielfalt von Bezeichnungen für die Information, Kommunikation, Koordination, Kooperation und Integration zwischen mehreren Akteuren (vgl. Sobhani & Kerstin 1999, S. 512) reicht von „strategischen Netzwerken" (Sydow 2005), über „sektorübergreifende Kooperationen" (Klemann 2007), bis zu „interorganisationalen Netzwerken" (u. a. Bogenstahl & Imhof 2009; Metzger 2013; Morath 1996; Seiler 2004).

Begrifflich geprägt wurde die Netzwerktheorie und -forschung durch die Graphen-theorie, die ursprünglich aus der Mathematik stammt und Objekte bzw. Akteure als „Knoten" bezeichnet und deren Verbindung bzw. Beziehung als „Kanten" (*Abb. 3*). Aus der Gesamtheit aller Knoten und Kanten ergibt sich die Netzwerkstruktur. (Vgl. Gamper & Reschke 2010, S. 14; Holzer 2010, S. 77; im Weiteren Diestel 2010)

Abbildung 3: Netzwerk in der Graphentheorie

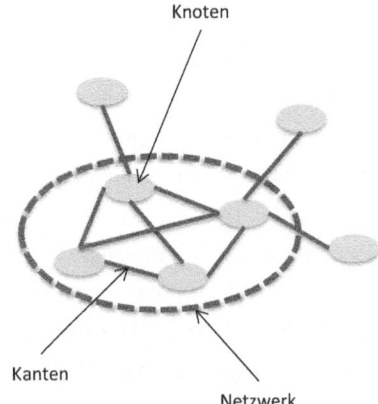

Quelle: Eigene Darstellung (angelehnt an Diestel 2010, S. 3)

Als verallgemeinerbares Muster sozialer Systeme fand die Graphentheorie nicht nur in der Systemtheorie breite Anwendung, sondern u. a. in der soziologischen und sozialpsychologischen Netzwerkforschung (vgl. Holzer 2010, S. 78). Das Modell veranschaulicht die Interaktion zwischen den einzelnen Elementen, die unter bestimmten Voraussetzungen zu einer netzwerkartigen Bindung wird. Die hier vorliegenden Bedingungen werden im Folgenden beschrieben.

2.1   Interorganisationale Perspektive

Ausgehend von der graphentheoretischen Sichtweise (*Abb. 3*) von Netzwerken stellt ein wesentliches Unterscheidungskriterium die Definition der in Beziehung stehenden Objekte (Knoten) dar. Für den zu betrachtenden Untersuchungsgegenstand sind die interagierenden Objekte verschiedene Organisationen im Sozial- und Gesundheitswesen. Brößkamp-Stone definiert in Anlehnung an Alter & Hage und weiterer organisationswissenschaftlicher Arbeiten interorganisationale Netzwerke und das Vernetzen von Organisationen „als die Schaffung und/ oder Erhaltung eines Clusters von Organisationen zum Zwecke des Austauschs, Handelns oder Produzierens unter den Mitgliedsorganisationen" (Brößkamp-Stone 2012, S. 263).

Die interorganisationale Domäne[1] beschreibt im Verhältnis zur intraorganisationalen Beziehung die Perspektive mehrerer Organisationen, nicht die Zusammenarbeit innerhalb einer einzelnen Organisation (*Abb. 4*).

Abbildung 4: Interorganisationale Netzwerkperspektive

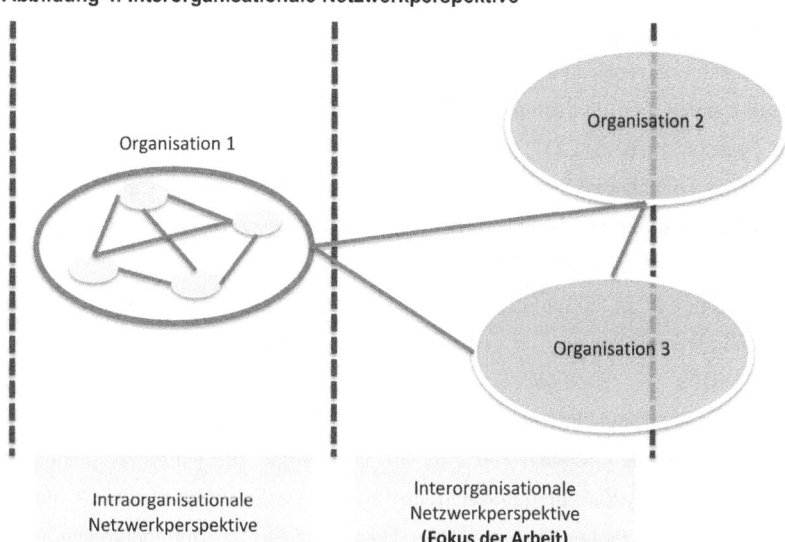

Quelle: Eigene Darstellung (angelehnt an Riggers 1998, S. 90)

Das Netzwerk bildet damit ein komplexes soziales Gebilde, in dem strategisch denkende Akteure durch Beziehungen jeglicher Art interagieren: „Im Falle inter-

---

[1] Die Begriffe der interorganisationalen Domäne wurden insbes. von Sydow und Windeler in den deutschsprachigem Raum übernommen und stammen ursprünglich aus der englischsprachigen Netzwerk- und Managementforschung: „interorganizational domain", „interorganisational relationship", „interorganisational collaberation" etc. (vgl. dazu Nystrom & Starbuck 1981; Etzione & Lehmann 1980; im Weiteren Sydow 2005, S. 191f.). Organisationen sind dabei stets „im institutionellen Sinne" zu verstehen – also als eigenständige Institutionen – und nicht z. B. als eine Abteilung in einem Unternehmen (Sydow 2005, S. 72).

organisationaler Netzwerke sind die Akteure in einem sozialen Netzwerk[2] Organisationen im institutionellen Sinne (...) und die Beziehungen im Netzwerk Interorganisationsbeziehungen" (Sydow 2005, S. 72). Wechselwirkungen und eine kontinuierliche Weiterentwicklung ergeben sich zum einen durch die institutionelle Einbettung des einzelnen Mitglieds und gleichzeitig durch das Interagieren mit der Umwelt (vgl. Kappelhoff 2000, S. 31).

Kennzeichnend für die Bezeichnung des interorganisationalen Felds ist nicht ausschließlich die zusätzliche zwischenorganisatorische (inter-) Analyseebene, im Vergleich zur Beziehung innerhalb einer Organisation (intra-). Gleichzeitig liegt eine Verbindung mehrerer eigenständiger Organisationen vor. Es handelt sich also erst um ein interorganisationales Netzwerk, wenn die einzelnen Organisationen wirtschaftlich und rechtlich selbstständig sind. Benson betont bereits 1975, dass „an emergent entity, has characteristics which are objects of investigation in their own right" (Benson 1975, S. 231). Brößkamp-Stone bezeichnet dementsprechend interorganisationale Netzwerke als „Cluster von Organisationen, die per Definition nicht-hierarchische Kollektive von rechtlich unabhängigen bzw. autonomen organisatorischen Einheiten sind." (Brößkamp-Stone 2012, S. 263)

Hervorzuheben ist außerdem die umfassendere Bezeichnung im Verhältnis zu „Unternehmensnetzwerken"[3], in der auch weitere Akteure einbezogen werden (vgl. Sydow 2010b, S. 3; 2005, S. 72). Interorganisationale Netzwerke bestehen zusätzlich aus Nicht-Unternehmungen, wie z. B. Non-Profitorganisationen (vgl. Busse von Colbe & Laßmann 1991, S. 19). Den Begriff des interorganisationalen Netzwerks fasst Sydow für deutlich weiter als ein Unternehmensnetzwerk, da er insbes. auf Kooperationen im öffentlichen Sektor abzielt und „Unternehmungen mit Stadtverwaltungen, Gewerkschaften und beispielsweise Umweltschutzgruppen, die

---

[2] Einer häufig zitierten Definition von Mitchell zufolge, sind soziale Netzwerke „a specific set of linkages among a defined set of actors, with the additional property that the characteristics of these linkages as a whole may be used to interpret the social behavior oft the actors involved" (Mitchell 1969, S. 2). Ein Netzwerk definiert sich demnach aus mehreren Akteuren (Personen, Gruppen, Organisationen) und den zwischen ihnen bestehenden sozialen Beziehungen. Das können u. a. auch Netzwerke in familiären und freundschaftlichen Kontexten sein.
Handelt es sich bei den Akteuren um Organisationen, wird von einem interorganisationalen Netzwerk gesprochen (vgl. dazu u. a. Kontos 2004; Bogenstahl 2011; Riggers 1998).

[3] „Ein Unternehmensnetzwerk stellt eine auf die Realisierung von Wettbewerbsvorteilen zielende Organisationsform ökonomischer Aktivitäten dar, die sich durch komplex-reziproke, eher kooperative denn kompetitive und relativ stabile Beziehungen zwischen (...) Unternehmungen auszeichnet" (Sydow 2005, S. 78).

alle zu den sog. ‚stakeholders' zu rechnen sind", mit einbezieht (Sydow 2005, S. 67).

Angelehnt an die begriffliche Auseinandersetzung in der Managementlehre und den eher auf den Profit-Sektor zutreffenden Begriff des Unternehmensnetzwerks als Organisationsform, wird daher der weit gefasste Begriff des interorganisationalen Netzwerks verwendet.

2.2   Verhältnis zu weiteren Kooperationsformen

Sowohl in der Managementpraxis als auch in der Management- und Organisationsforschung lassen sich eine Vielzahl von Kooperations- und Netzwerkformen finden[4]. Neben den unterschiedlichen Begriffen und Konzepten sind zum Teil differenzierende Eigenschaften ableitbar, die u. a. Kontos[5] anhand verschiedener Kriterien (Ziel einer Kooperation, Funktionsbezug, Regionale Ausdehnung etc.) exemplarisch für strategische Allianzen, Arbeitsgemeinschaften, Joints Ventures, Kartelle und Unternehmensnetzwerke abgrenzt (vgl. Kontos 2004, S. 10-18). Für die Gesundheitsversorgung werden in *Kap. 3.3.4* in Anlehnung an Klemann (vgl. 2007, S. 92) folgende Netzwerkdimensionen beschrieben, um die Vielfalt der Vernetzungsformen deutlich zu machen: Motiv, Intensität, Forma-lisierungsgrad, Aktivitätsgrad, Zutritts-/Austrittsmöglichkeit, Akteursvielfalt, Koo-perationsrichtung, Reichweite, Dauer und Versorgungsbereiche.

Zahlreiche Überschneidungen der Eigenschaften erschweren allerdings eine explizite Differenzierung der Kooperationsformen erheblich. Selbst in der wissen-schaftlichen Diskussion erfolgt eine Verwendung der Kooperationsbegriffe zum Teil parallel (vgl. Balling 1997, S. 8, 12f.). Meist werden jedoch über Kooperationen, Allianzsysteme, Verbünde und weiteren Konstellationen mit einem inter-organisationalen Netzwerk „deutlich komplexere Beziehungsgeflechte assoziiert" (Sydow 2010b, S. 3).

---

[4] Eine systematische Zusammenstellung aus Beispielen der Managementpraxis (z. B. Strategische Allianzen, Bündnisse, Joint Ventures) sowie der Management- und Organisationsforschung (z. B. interorganisationale Domäne, multiorganisationales System, Quasi-Integration) bietet dazu Sydow in einer Synopsis (vgl. Sydow 2005, S. 61-70).

[5] Über die von Kontos getroffene Auswahl nennt Sydow als relevante formmäßige Unterscheidungs-merkmale von strategischen Netzwerken: Umfang, Funktionsteilung, Dichte, Diversität, Zentralität, Multiplexität, Konnektivität, Interdependenz, Redundanz, Stabilität, Offenheit, Sichtbarkeit und Organisiertheit interorganisationaler Beziehungen (vgl. Sydow 2005, S. 83).

Zunächst besteht ein Netzwerk aus mindestens drei Organisationen bzw. Knoten (vgl. Sydow & Auschra 2015, S. 1). Diese Auffassung teilen u. a. Hess, Wohlgemuth & Schlembach, auch wenn einige Vertreter der Netzwerkforschung bereits ab zwei Unternehmen von einer Netzwerkorganisation sprechen (vgl. dazu Hess et al. 2001). Die Komplexität von Netzwerken äußert sich somit meist durch mehrere im Austausch befindlichen Organisationen sowie eine große Akteursheterogenität (vgl. Sydow 2010b, S. 3; Sydow & Auschra 2015, S. 3; in Bezug auf das Gesundheits-wesen außerdem Amelung et al. 2009a, S. 15).

Ein weiterer Aspekt, der in der Managementpraxis und -forschung häufig angeführt wird, ist die differenzierte Organisationsstruktur: „Je langfristiger, organisierter und strategischer diese Kontraktbeziehungen aus der Sicht zumindest einer der beteiligten Unternehmungen sind, desto eher werden sie als strategische Netzwerkbeziehung bezeichnet" (Sydow 2005, S. 62). Im Vergleich zu einer unverbindlichen kooperativen Beziehung ist also ein Netzwerk vorwiegend durch eine langfristige und zum Teil formalisierte Zusammenarbeit zu charakterisieren, wobei das Vorliegen einer Kontrakts keine zwingende Bedingung für die Existenz eines Netzwerks darstellt (vgl. Sydow 2005, S. 62f.).

Auch wenn eine überschneidungsfreie Definition und Verwendung der Begriffe Kooperation und Vernetzung nicht vorliegt, werden gerade in der Auswahl der in dieser Arbeit untersuchten Netzwerkmodelle vergleichbare Charakteristika vorgegeben. Diese legen in Anknüpfung an die sich abzeichnende Abgrenzung der Organisationsstruktur den Schwerpunkt auf beständige und teilweise bereits strukturell verankerte Netzwerkformen (s. dazu die einheitlichen Merkmale in *Kap. 6.1.1*).

3 Notwendigkeit und Strukturen von Vernetzung im Gesundheitswesen

Eine der wichtigsten gesundheitspolitischen Fragen zu Beginn des 21. Jahrhunderts sowie eine zentrale Frage, der sich Public Health als Wissenschaft und politische Praxis stellt, ist, wie "sich eine verbesserte Effizienz im Gebrauch der gesundheitlichen Ressourcen einschließlich der Reduzierung eskalierender Kosten bei Bewahrung angemessener gleicher Chancen im Zugang zum Gut Gesundheit erreichen" lässt (Schwartz, Kickbusch, et al. 2012, S. 4).

Auch wenn das deutsche Gesundheitswesen laut der OECD zu den leistungsfähigsten weltweit gehört, ist es hochgradig ausdifferenziert und geprägt von zahlreichen Akteuren und starren Sektorengrenzen zwischen den Versorgungsbereichen (vgl. Amelung et al. 2009a, S. 9; Rosenbrock & Gerlinger 2014, S. 21). Die letzten gesundheitspolitischen Reform-bemühungen zielten daher vorwiegend auf die organisationsübergreifende Leistungserbringung, d. h. die Vernetzung der unterschiedlichen Sektoren und Leistungsbereiche (vgl. Amelung et al. 2009a, S. 11).

Über die segmentierten Versorgungsstrukturen hinaus ergeben sich weitere gesundheitssystemische Herausforderungen, die zu einer ansteigenden Forderung von Zusammenarbeit und Vernetzung führen. Auch die gesellschaftliche Entwicklung hin zu einer alternden Bevölkerung und der damit einhergehenden Veränderung des Krankheitsspektrums stellen Anforderungen an ein zukünftiges Versorgungssystem. Das nimmt Einfluss auf gesundheits-politische Debatten und zeigt sich in klar erkennbarem Handlungsdruck, durch Reformbestrebungen Vernetzungsstrukturen zu ermöglichen.

3.1   Gesundheitssystemische Rahmenbedingungen

3.1.1   Segmentierte Versorgungsstrukturen

Eine der größten Herausforderungen für das deutsche Gesundheitswesen ist die Verzahnung der Versorgungsstrukturen, „weil dieses wie wohl kaum ein anderes in den reichen Ländern der Welt durch eine wechselseitige, historisch gewachsene Abschottung der Versorgungsbereiche gekennzeichnet ist." (Rosenbrock & Gerlinger 2014, S. 393)

Das Gesundheitswesen hat sich im Verlauf der Entwicklung der Bundesrepublik Deutschland als gesellschaftliches Subsystem der sozialen Sicherung herausgebildet und wurde gesetzlich fest verankert, um die Gesundheitsversorgung und Gesund-heitssicherung[1] der Gesellschaft zu gewährleisten. Schwartz et al. beschreiben dabei die starke Segmentierung des deutschen Gesundheitswesens durch folgende Prinzipien:

- „Föderalismus (Bund, Länder, Kommunen),
- Pluralismus der Trägerschaft (freigemeinnützig, privat, öffentlich),
- Sektoralisierung der Funktion (ambulanter und stationärer Sektor der Akut-versorgung, der Rehabilitation und der Pflege, öffentlicher Gesundheits-dienst, Laienpotentiale)" (Schwartz, Kickbusch, et al. 2012, S. 244).

Abb. 5 zeigt die komplexe sektorale Organisation der Gesundheitsversorgung. Als Teilfunktionen sind primäre Aufgaben des Gesundheitssystems, die Gesundheit zu fördern (**Prävention**), akute und chronische Krankheiten zu diagnostizieren und zu behandeln (**Kuration**) sowie Gesundheit wiederherzustellen bzw. Teilhabe zu fördern (**Rehabilitation**) und langfristig zu erhalten (**Pflege**) (vgl. Beske & Hallauer 2011, S. 560; §§ 27 SGB V; im Weiteren Blum & Fack-Asmuth 2012).

---

[1] Brennecke & Schelp unterteilen das Gesundheitssystem hinsichtlich seiner Aufgaben: „Gesundheits-sicherung", als staatliche Organisation und Finanzierung des Gesundheitswesens und „Gesund-heitsversorgung", als die zur Erbringung entsprechenden kurativen und rehabilitativen Dienstleistungen. Dabei kann die Organisation des deutschen Gesundheitssystems mittels drei Hauptsektoren bzw. „Säulen" beschrieben werden. Die Gesundheitsversorgung findet durch den ambulanten (1. Säule) und stationären Sektor (2. Säule) statt und die Gesundheitssicherung durch den öffentlichen Gesundheitsdienst (3. Säule). (Vgl. dazu Brößkamp-Stone 2012, S. 263)

In Bezug auf die Unterscheidung nach Brennecke & Schelp wird in dieser Arbeit ausschließlich die Gesundheitsversorgung (1. und 2. Säule) betrachtet, als unmittelbarer gesundheitlicher Leistungs-bereich.

Dazu sind in den jeweiligen Versorgungssektoren unterschiedliche Leistungserbringer tätig, die sich zusätzlich durch verschiedene Finanzierungslogiken –
allerdings nicht überschneidungsfrei – in ambulante und stationäre Erbringer
unterteilen (vgl. Klemann 2007, S. 28; Haubrock & Schär 2007, S. 37).

Abbildung 5: Versorgungssektoren im Gesundheitswesen

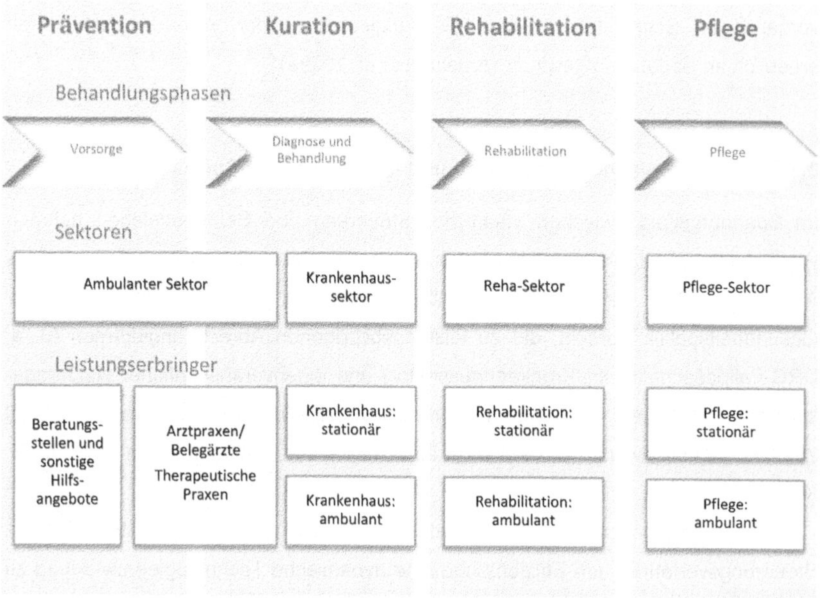

Prävention	Kuration	Rehabilitation	Pflege

Behandlungsphasen

Vorsorge	Diagnose und Behandlung	Rehabilitation	Pflege

Sektoren

Ambulanter Sektor	Krankenhaus-sektor	Reha-Sektor	Pflege-Sektor

Leistungserbringer

Beratungs-stellen und sonstige Hilfs-angebote	Arztpraxen/ Belegärzte Therapeutische Praxen	Krankenhaus: stationär / Krankenhaus: ambulant	Rehabilitation: stationär / Rehabilitation: ambulant	Pflege: stationär / Pflege: ambulant

Quelle: Veränderte Darstellung (vgl. Klemann 2007, S. 30)

Die dargestellte Segmentierung des Leistungsgeschehens wird zusätzlich lanciert
durch korporatistische und pluralistische Steuerungsstrukturen. Die gesundheits-
politische Planung, Organisation und Steuerung des Gesundheitssystems findet auf
unterschiedlichen Ebenen statt, in denen verschiedene Akteure Entscheidungen
treffen. (Vgl. Bäcker et al. 2008, S. 221f.)

Das Gesundheitswesen ist geprägt von einer sektoralen Trennung der
Zuständigkeiten, unterschiedliche Systemanreizen und Finanzierungslogiken sowie
von Partikularinteressen zahlreicher Akteure. Laut des SVR Gesundheit gleicht die
„Aufrechterhaltung der starren Sektorengrenzen" einer Krise (Sachverständigenrat

für die Konzertierte Aktion im Gesundheitswesen 1995, S. 207). Folgen sind u. a. eine Diskontinuität der Versorgung, Informationsdefizite und unnötige parallele Abläufe (vgl. Sachverständigenrat für die Konzertierte Aktion im Gesundheitswesen 1994, Ziff. 353). Badura & Iseringhausen beschäftigen sich daher mit der Integrierten Versorgung, um „Wege aus der Krise der Versorgungsorganisation" zu finden (Badura & Iseringhausen 2005, S. 5). Amelung et al. konsertieren im Kontext der vorhandenen Schnittstellen, „dass die Ausgestaltung der Vernetzungsstrukturen erheblich an Bedeutung gewinnt" (Amelung et al. 2009a).

3.1.2   Dynamischer Wettbewerb und fortschreitende Spezialisierung

Im Spannungsfeld zwischen staatlicher Steuerung und Selbstregulation nehmen Wettbewerbs- und Marktstrukturen Einzug in die Gesundheitsversorgung. Bereits Anfang der 90er Jahre wurden wettbewerbszentrierte Strukturreformen in der Gesundheitspolitik[2] forciert, die zu leistungsbezogenen Abrechnungsformen (u. a. DRG-Fallpauschalen im Krankenhaussektor) und eigenverantwortlicher Nachfrage-sicherung (z. B. freie Kassenwahl) führten. (Vgl. Amelung et al. 2009a, S. 9; Leidl 2012, S. 393; Schwartz, Kickbusch, et al. 2012, S. 254; Dieffenbach et al. 2002, S. 36)

Rosenbrock beschreibt den Wettbewerb zwar als ein „leistungsfähiges Steuerungsverfahren, um Effizienz und eine dynamische Technologieentwicklung zu erreichen", weist aber gleichzeitig darauf hin, dass „ökonomische Besonderheiten wie die Existenz einer sozialen Krankenversicherung oder Unkenntnisse des Konsumenten über seine Krankheit die Steuerungsfähigkeit des freien Wettbewerbs beeinträchtigen" (Rosenbrock 1992, S. 14).

Durch die Intensivierung wettbewerblicher Strukturen (u. a. durch das GKV-Modernisierungsgesetz 2004, vgl. Leidl 2012, S. 393) und konkurrierender Leistungs-erbringer, entstehen differenzierte Leistungsangebote, die zu einer fortschreitenden

---

[2] Beginnend mit dem 1992 eingeführten Gesundheitsstrukturgesetz (GSG) wurde ein Para-digmenwechsel in der Gesundheitspolitik zu wettbewerbszentrierten Strukturreformen eingeleitet, der als Basisorientierung weiterer Gesetze gilt. So u. a. die Privatisierung der Kranken-behandlungskosten mit dem 1. und 2. GKV-Neuordnungsgesetz (NOG) 1997. In diesem Kontext zu nennen sind außerdem die im GSG vorgesehenen und durch das Fallpauschalengesetz (FPG) 2002 verabschiedeten Diagnosis Related Groups (DRG)/ Fallpauschalen und Sonderentgelte zur Vergütung von Krankenhausbehandlungen. (Vgl. dazu Schwartz, Kickbusch, et al. 2012, S. 254-255)

Spezialisierung[3] führen. Sowohl kompetitive Steuerungsmechanismen als auch ein erhöhter Grad an Spezialisierung erfordern Koordination und Kommunikation (vgl. Klemann 2007, S. 13; Morgan 1986, S. 70) Morgan führt dazu aus, dass wettbewerbliche Strukturen grundsätzlich mit kooperativen Elementen einhergehen: „If we look at the organizational world, we find that, as in nature, collaboration is often as common as competition." (Morgan in Voß 2002, S. 2).

3.2   Gesellschaftliche Herausforderungen

3.2.1   Demografische Entwicklung

Angesichts der sich wandelnden Altersstruktur nimmt die Versorgung von chronisch kranken und älteren multimorbiden Patienten einen wichtigen Stellenwert im Gesundheitswesen ein. Der sich auf mehreren Ebenen zeigende Unterstützungsbedarf (nicht nur medizinisch, sondern oftmals auch psychosozial) kann nur durch optimal aufeinander abgestimmte und zusammenwirkende Hilfeleistungen gedeckt werden. Der SVR Gesundheit äußert sich in seinem Sondergutachten von 2009 kritisch darüber, ob der Gesundheitssektor gerade der demografischen Herausforderung einer zunehmenden alternden Patientenschaft gewappnet ist (vgl. Sachverständigenrat zur Begutachtung der Entwicklung im Gesundheitswesen 2009, S. 13ff.).

Mit zunehmendem Alter erhöht sich auch das Risiko der Hilfe- und Pflegebedürftigkeit, sodass Unterstützungsangebote angepasst werden müssen. Hier ergeben sich vielfältige komplexe sektorenübergreifende Zusammenhänge zwischen den einzelnen Versorgungssystemen. So ist z. B. nach einem stationären Krankenhausaufenthalt die Organisation häuslicher Versorgung unter Rücksprache mit niedergelassenen Ärzten und ambulanten Diensten sowie weiterer Pflegeangebote notwendig, was eine hohe Schnittstellenkompetenz voraussetzt. (Vgl. Schulz & Kunisch 2009, S. 300f.)

Um die Lebensqualität älterer Patienten zu fördern bzw. zu erhalten, bedarf es neben den bisherigen Handlungsfeldern gerade der Beratung und Begleitung zur

---

[3] Die zunehmende Spezialisierung im Gesundheitswesen entstand zum einen vor dem Hintergrund effizienzsteigernder Marktstrategien als auch durch den rasanten medizinischen Fortschritt. Beides erfordert innovative Kooperations- und Organisationsstrukturen (vgl. Amelung et al. 2009a, S. 10f.).

Auswahl und Organisation sowie Koordination passgenauer Versorgung. Im Spannungsfeld zwischen Selbstständigkeit und Abhängigkeit des Patienten ist so eine erhöhte und komplexere Abstimmung zwischen den beteiligten Akteuren notwendig. Die dazu notwendigen fachlichen und methodischen Anforderungen ergeben sich v. a. aus der bisher mangelnden Verzahnung des stationären und ambulanten Sektors. (Vgl. Gödecker-Geenen & Nau 2000, S. 2674; Schwartz 2012, S. 3-4)

Mit der demografischen Altersentwicklung in der Bevölkerung geht auch ein Wandel des Krankheitsspektrums einher. Mit zunehmendem Alter nehmen gerade chronische Erkrankungen einen deutlich höheren Stellenwert ein. So gehen Gensichen et al. davon aus, dass der jetzige Anteil chronischer Krankheiten im Verhältnis zu allen Erkrankungen von 46 % in Deutschland 2020 auf bis zu 60 % ansteigen wird (vgl. Gensichen et al. 2006, S. 366). „Die Qualität eines Gesund-heitssystems wird sich entsprechend in Zukunft primär daran messen, wie die Versorgung chronisch und meistens auch dazu noch multimorbider Patienten organisiert ist" (Amelung et al. 2009a, S. 9).

3.2.2   Singularisierung

Ein im Gesundheitswesen bisher eher randständig erwähnter Aspekt ist die gesellschaftliche Veränderung, die durch einen Rückgang familiärer und nachbarschaftlicher Bindungen gekennzeichnet ist. Veränderungen in der Familienstruktur, die alternde Bevölkerung sowie eine berufliche Flexibilität führen zu einem sozialen Wandel, der einen starken Trend zu Ein-Personen-Haushalten mit sich bringt. Immer mehr Personen – gerade viele ältere Menschen – leben in singularisierten Lebensformen. Die sich daraus ergebenden Hilfesysteme fallen zunehmend weg, sodass Patienten auch hierdurch zusätzlichen Bedarf an vernetzten und abgestimmten Hilfeformen benötigen. (Vgl. Schnurr 2011, S. 9)

Wurden Patienten bisher, insbes. nach einem akuten Krankenhausaufenthalt, durch die Verwandtschaft oder durch Freunde und Bekannte im häuslichen Kontext gepflegt bzw. unterstützt, so verringern sich diese Hilfemöglichkeiten im Rahmen der zunehmenden Singularisierung. Damit steigt das Erfordernis an organisierter und vernetzter Hilfen – v. a. in ambulanten Strukturen – sowie deren Vermittlung über die

Sektorengrenzen hinaus, um (auch zukünftig) ein ziel- und patientenorientiertes Gesundheitssystem zu garantieren. (Vgl. Gödecker-Geenen & Nau 2000, S. 2674)

3.3 Gesundheitspolitische Forderungen und Ausgestaltung im Gesundheitswesen

Die gesundheitspolitische Forderung nach Vernetzung, Kooperation, Integration oder auch Schnittstellenmanagement wird in Deutschland bereits seit über 30 Jahren diskutiert. Unter Berücksichtigung der strukturellen Rahmenbedingungen wird auf politischer Ebene immer wieder konstatiert, „dass die Kooperation im Gesundheitswesen ein wesentliches Element zur Steigerung der Effektivität und Effizienz darstellt" (Klemann 2009, S. 245; vgl. außerdem Wirtschafts- und sozialwissenschaftliches Institut Düsseldorf 1976).

Eine wesentliche Rolle in der Debatte nimmt die Einführung des DRG-Klassifikationssystems[4] im Akutbereich ein. Um die Fehlanreize und -mechanismen einer Kostenverschiebung in vor- bzw. nachgelagerte Versorgungsbereiche zu vermeiden, hält der SVR Gesundheit die Implementierung versorgungssektor- bzw. organisationsübergreifender Qualitätssicherungsmaßnahmen und -konzepte für notwendig (vgl. Sachverständigenrat für die Konzertiere Aktion im Gesundheitswesen 2000/2001, S. 87). Ziel dabei ist die Hinführung zu adäquat nachsorgenden Versorgungsangeboten und damit zu einer sektorenübergreifenden Hilfestruktur aus Prävention, Kuration, Rehabilitation und Pflege. Neben der Weiterentwicklung bestehender Versorgungsstrukturen sind neue veränderte Versorgungskonzepte notwendig, um die fragmentierte Versorgungslandschaft besser zu vernetzen und damit eine höhere Versorgungsqualität zu erreichen. (Vgl. Klemann 2007, S. 17)

3.3.1 Integrierte Versorgungstrukturen

Ein Ansatzpunkt politisch initiierter Vernetzung stellen integrierte Versorgungs-strukturen dar, die durch Verzahnung des Krankenhaussektors mit der ambulanten

---

[4] Sowohl die Leistungserfassung als auch die Leistungsvergütung im deutschen Krankenhaussektor werden seit dem 1. Januar 2004 verpflichtend durch das Fallpauschalensystem der Diagnosis Related Groups (DRG) durchgeführt. Patienten werden hierbei anhand der Diagnosen und der durchgeführten Behandlungen in Fallgruppen klassifiziert. Aus der sich daraus ergebenden Gruppierung und Einordnung ergibt sich die spätere Vergütung für die Krankenhausbehandlung durch den Kostenträger. (Vgl. dazu Institut für das Entgeltsystem im Krankenhaus 2016)

Versorgung sowie dem Rehabilitations- und Pflegebereich der Erhöhung von Effizienz und Effektivität der deutschen Gesundheitsversorgung dienen sollen (vgl. Sachverständigenrat für die Konzertiere Aktion im Gesundheitswesen 2000/2001, S. 86f.; Badura 1993, S. 33; 39).

Gesetzliche Bestrebungen, die Durchlässigkeit der Sektorengrenzen zu erhöhen, führten zur Etablierung integrierter – zum Teil sektorenübergreifender – Versorgungsformen. Ein erster gesetzlicher Vorstoß stellte das GRG (1988) dar, das mit Hilfe sog. dreiseitiger Verträge Krankenkassen, Krankenhäuser und Vertragsärzte zur Regelung eines nahtlosen Übergangs zwischen ambulanter und stationärer Versorgung verpflichtete. Im Weiteren wurde u. a. Krankenkassen ermöglicht, Verträge außerhalb der Regelversorgung mit Ärztegemeinschaften abzuschließen, außerdem wurde die Beteiligungsmöglichkeit der Krankenhäuser an der ambulanten Versorgung erweitert. (Vgl. Rosenbrock & Gerlinger 2014, S. 394f.) Eine Übersicht der wichtigsten versorgungsintegrativen Formen ist in *Tab. 1* zu sehen.

Tabelle 1: Formen integrierter Versorgung

Versorgungsform	Fächer- oder berufsgruppen- übergreifend	Sektoren- übergreifend
Praxisnetze im Rahmen von Modellvorhaben (§§ 63-65 SGB V)	X	(-)
Praxisnetze im Rahmen von Strukturverträgen (§ 73a SGB V)	X	-
Integrierte Versorgung (§ 140a-d SGB V)	X	X
Disease Management Programme (§ 137f-g SGB V)	X	X
Medizinische Versorgungszentren (§ 95 SGB V)	X	-
Hausarztzentrierte Versorgung (§ 73b SGB V)	-	-
Besondere ambulante ärztliche Versorgung (§ 73c SGB V)	X	-

Quelle: Geänderte Darstellung (vgl. Rosenbrock & Gerlinger 2014, S. 398)

Politische Bemühungen, gegen eine intersektorale Abschottung den Integrationsgrad der gesundheitlichen Versorgung zu erhöhen, konnten insbes. mit dem 2. GKV-Neuordnungsgesetz durch entsprechende Modellvorhaben neuer Versorgungs-formen (§§ 63-65 SGB V) und Vereinbarungen von Strukturverträgen (§ 73a SGB V) bewirkt werden. Auf deren Basis sind u. a. Hausarztmodelle und Praxisnetze entstanden. (Vgl. Gerlinger & Lehnhardt 2004b, S. 115f.)

Neben weiteren gesetzlich initiierten Versorgungsformen in *Tab. 1* sind insbes. die sektorenübergreifenden Ansätze (Integrierte Versorgung, Disease Management Programme) wesentlich für interorganisationale Netzwerke und die Verzahnung der Gesundheitsversorgung.

3.3.1.1 Integrierte Versorgung

Integrierte Versorgungsverbünde sollen disziplinär organisierte und sektoral gegliederte Strukturen ablösen und durch interdisziplinäre und sektorenüber-greifende Versorgungskooperationen ersetzt werden. Grundlage für die Integrierte Versorgung (IV) bildet die gesetzliche Verankerung im SGB V durch das GKV-GRG 2000 und die verabschiedete Neufassung der §§ 140a-d SGB V mit dem GMG 2004 (vgl. Sachverständigenrat für die Konzertierte Aktion im Gesundheitswesen 2003, S. 497).

Leistungserbringer und Krankenkassen können dadurch auch ohne Zustimmung der Kassenärztlichen Bundesvereinigung (KBV) individualvertragliche Verein-barungen über eine nach § 140a Abs. 1 „verschiedene Leistungssektoren über-greifende Versorgung der Versicherten oder eine interdisziplinär-fachübergreifende Versorgung" abschließen. Sowohl Versorgungsformen als auch Vergütungs-modalitäten werden unter Berücksichtigung „einer qualitätsgesicherten, wirksamen, ausreichenden, zweckmäßigen und wirtschaftlichen Versorgung der Versicherten" nach § 140b Abs. 3 selektiv zwischen Krankenkasse und Leistungserbringer beschlossen.

Mit dem Gesetz zur Stärkung des Wettbewerbs in der gesetzlichen Kranken-versicherung (GKV-WSG) im Jahr 2007 wurde durch § 140b Abs. 1 Satz 4 klarstellend hinzugefügt, dass u. a. ambulante Leistungen nach § 116b auch ohne Vertragsarzt im Rahmen von IV-Leistungen erbracht werden können. D. h. auch nichtärztliche Heilberufe und Leistungserbringer innerhalb des SGB XI werden in die IV miteinbezogen. (Vgl. Bundesgeschäftsstelle Qualitätssicherung gGmbH 2009, S. 41)

Da das Interesse der beteiligten Akteure zur Schaffung integrierter Ver-sorgungsformen relativ gering war (aufgrund sektoraler Ausgabenobergrenzen in der ambulanten und stationären Versorgung), wurde ebenfalls im Zuge des GMG ein ökonomischer Anreiz zur Förderung integrierter Versorgungsstrukturen gegeben. Die Krankenkassen sind nach § 140d Abs. 1 verpflichtet, bis 1% der vertragsärztlichen Gesamtvergütung und der Vergütung der Krankenhäuser für voll- und teilstationäre Leistungen einzubehalten und für IV-Projekte binnen drei Jahren zweckgebunden zu verwenden (sog. „Anschubfinanzierung") (vgl. Gerlinger & Lehnhardt 2004b, S. 122; 126). So lagen laut der Bundesgeschäftsstelle Qualitätssicherung gGmbH (BQS) als „Gemeinsame Registrierungsstelle zur Unterstützung der Umsetzung des § 140d SGB V" im Jahr 2004 insgesamt 1.477 Meldungen zu IV-Verträgen vor. Durch die Anschubfinanzierung wurde der Ausbau von Integrationsmodellen deutlich: 2008 waren es 6.407 IV-Verträge (vgl. Bundesgeschäftsstelle Qualitätssicherung gGmbH 2009, S. 15). Mit Inkrafttreten der Gesundheitsreform 2009 wurde die Anschub-finanzierung beendet.

Mit der IV wurde beabsichtigt, ein eigenständiges Einzelvertragssystem für die sektorenübergreifende und interdisziplinäre Gesundheitsversorgung zu schaffen, um die Trennung von ambulanter und stationärer Versorgung möglichst zu überwinden. Auch wenn die Zahl der IV-Verträge zunächst angestiegen ist, lassen sich aus dem Bericht der gemeinsamen Registrierungsstelle BQS keine Rückschlüsse über die Zielerreichung ziehen (vgl. dazu Brennecke & Schelp 1993, S. 136). Nach Aussage der KBV hat der formale Wegfall der Anschubfinanzierung bereits dazu geführt, dass Krankenkassen ihre Vertragsaktivitäten deutlich zurückfahren (vgl. dazu Bundesgeschäftsstelle Qualitätssicherung gGmbH 2009). Stattdessen werden vermehrt Verträge zu den im morbiditätsorientierten Risikostrukturausgleich festgelegten Krankheiten abgeschlossen (Disease-Management-Programme), was allerdings im Einzelfall erfolgreiche integrierte Versorgungskonzepte nicht ausschließt (vgl. Gerlinger & Lehnhardt 2004b, S. 122; 126).

3.3.1.2   Disease Management-Programme

Mit dem Gesetz zur Reform des Risikostrukturausgleichs (RSA) 2001 wurde mit der Einführung strukturierter Behandlungsprogramme ein weiteres Instrument zur Integration von Versorgungsstrukturen geschaffen. Nach § 137f Abs. 1 SGB V geht es bei den sog. Disease-Management-Programmen (DMP) um „chronische Krankheiten, für die strukturierte Behandlungsprogramme entwickelt werden sollen, die den Behandlungsablauf und die Qualität der medizinischen Versorgung chronisch Kranker verbessern" (Gerlinger & Lehnhardt 2004b, S. 118). Zukünftig sollen also v. a. die chronisch kranken Patienten im Mittelpunkt von IV-Verträgen stehen. Anstatt einzelne Krankheitsepisoden sektoral getrennt zu behandeln und zu vergüten, wird der gesamte Krankheits- und Gesundheitsverlauf des Patienten in den Fokus der Betrachtung gestellt. (Vgl. Rosenbrock & Gerlinger 2014, S. 401; Greuèl & Mennemann 2006, S. 66f.)

Nicht zuletzt stützt sich die Einführung der gesundheitspolitischen Programme auf das 2000/ 2001 veröffentlichte Gutachten des SVR Gesundheit. Gedacht war diese neue Versorgungsstruktur als Reaktion auf qualitativ sehr unterschiedliche Behandlungen, insbes. bei chronischen Erkrankungen. Der Rat plädierte für die Entwicklung eines „disease management", um durch vorgegebene Behandlungs-programme nach wissenschaftlich fundierten Leitlinien zu einer Verbesserung der Qualität und Wirtschaftlichkeit der medizinischen Versorgung beitragen zu können. (Vgl. Sachverständigenrat für die Konzertiere Aktion im Gesundheitswesen 2000/2001, S. 68-71)

Ausgehend von einer notwendigen kontinuierlichen ärztlichen Behandlung und Überwachung, einer medikamentösen Langzeittherapie und ggf. erforderlichen medizinischen Eingriffen und Rehabilitationsmaßnahmen, finden die strukturierten Behandlungsprogramme nicht wie bisher durch eine traditionelle (haus-)ärztliche Krisenintervention statt, sondern im Rahmen einer langfristig angelegten Planung der Patientenberatung und -betreuung auf der Basis evidenzbasierter Leitlinien. Zunächst wurden DMP für zivilisationsbedingte chronische Krankheiten eingesetzt, u. a. Diabetes mellitus, Koronare Herzerkrankung und Chronisch obstruktive Lungenerkrankungen. (Vgl. Bäcker et al. 2008, S. 225)

Als wirtschaftlichen Anreiz erhalten die Krankenkassen für chronisch kranke Versicherte, die sich in DMP einschreiben, zusätzliche Finanzmittel aus dem RSA. Seit Einführung des GKV-WSG profitieren Patienten, die an den Behandlungs-programmen teilnehmen, von einer geringeren jährlichen Zuzahlungsgrenze („Chroniker-Regelung") und ggf. durch Boni ihrer Krankenkasse. (Vgl. Bundes-gesetzblatt 2007, S. 378)

Konzeptionelle Kritikpunkte sind u. a. die Verpflichtung, die Behandlungs-anforderungen auf Basis evidenzbasierter Leitlinien zu formulieren. Hieraus resultierten Umsetzungsschwierigkeiten aufgrund mangelnder Aktualität und in der Adaption an deutsche Verhältnisse. (Vgl. Sachverständigenrat für die Konzertierte Aktion im Gesundheitswesen 2003, S. 535-536)

Als problematisch erwies sich des Weiteren die Kopplung an den RSA. Aufgrund erhöhter Ausgleichszahlungen stand für die Krankenkassen eher die Quantität eingeschriebener Versicherter, als die Qualität der Versorgung chronisch Kranker im Vordergrund. Durch den mit dem Gesundheitsfonds 2009 veränderten morbiditäts-orientierten Strukturausgleich[5] hat sich die Attraktivität der DMP für die Kranken-kassen deutlich verringert. Hier lässt sich noch nicht ausreichend abschätzen, inwieweit diese Veränderung Einfluss auf die weitere Ausgestaltung der DMP hat. Der SVR Gesundheit plädiert jedenfalls für eine Ausdehnung der Behandlungs-programme auf weitere Krankheitsbereiche. (Vgl. Sachverständigenrat zur Begutachtung der Entwicklung im Gesundheitswesen 2009, S. 332)

3.3.2   Versorgungsmanagement

Seit 2007, im Zuge des GKV-WSG, haben Versicherte einen Anspruch auf ein adäquates „Versorgungsmanagement" als „nahtlosen Übergang" in die ver-schiedenen Versorgungsbereiche des Gesundheitswesens. Zur Lösung der Schnittstellenprobleme zwischen den einzelnen Sektoren wurde in § 11 Abs. 4 SGB V das entsprechende Anrecht des Patienten mit der gleichzeitigen Verpflichtung der Leistungserbringer festgelegt:

> „Versicherte haben Anspruch auf ein Versorgungsmanagement insbes. zur Lösung von Problemen beim Übergang in die verschiedenen Versorgungsbereiche. Die betroffenen Leistungserbringer sorgen für eine sachgerechte Anschlussversorgung des Versicherten und übermitteln sich gegenseitig die erforderlichen Informationen. Sie sind zur Erfüllung dieser Aufgabe von den Krankenkassen zu unterstützen. (...)" (§ 11 Abs. 4 SGB V, eingeführt 2007 durch GKV-WSG, zuletzt geändert 2012 durch GKV-VSG)

Die Leistungsverpflichtung für alle Akteure im Krankenversicherungsbereich (Haus- und Fachärzte, Krankenhäuser, Reha- und Pflegeeinrichtungen, Psychiatrien, Heil- und Hilfsmittelerbringer) enthält die Kommunikations- und Organisationstätigkeit, um

---

[5] Der RSA berechnete sich zuvor aus den Merkmalen Alter, Geschlecht und Erwerbs-minderungsstatus. Seit 1. Januar 2009 wurde der bisherige RSA durch einen morbiditätsorientierten RSA abgelöst. Neben den bisherigen Merkmalen wurden zusätzlich die tatsächlichen Erkrankungen des Versicherten mit berücksichtigt. (Vgl. Sachverständigenrat zur Begutachtung der Entwicklung im Gesundheitswesen 2007, S. 131; 2009, S. 332)

eine „sachgerechte Anschlussversorgung" für den Patienten in nachgelagerten Versorgungsstrukturen zu koordinieren. Die Umsetzung kann im Rahmen von IV-Verträgen nach § 140a-d oder entsprechender Verträge zwischen Krankenkassen, Krankenhäusern und Vertragsärzten nach §§ 112 und 115 erfolgen. (Vgl. Kraus 2009, S. 77)

Der Anspruch der Versicherten, dass gem. § 11 Abs. 4 SGB V der Übergang zwischen den verschiedenen Versorgungsbereichen erleichtert und möglichst nahtlos gestaltet wird, erfordert eine mehrdimensionale Koordination sektorenübergreifender und am Patienten orientierter Versorgungsverläufe. Je komplexer das Krankheitsgeschehen und je mehr Versorgungssektoren mit einbezogen werden, desto höher sind die Anforderungen an eine ergebnisorientierte Fallsteuerung. Der SVR Gesundheit hält deshalb die Integration von Case-Management-Strukturen in der Gesundheitsversorgung für sinnvoll, insbes. als sektorenübergreifende bzw. transsektorale Methode. (Vgl. Sachverständigenrat zur Begutachtung der Entwicklung im Gesundheitswesen 2007, S. 86-87; Kraus & Kurlemann 2009, S. 24)

3.3.3   Transsektorales Case Management

Die im Einzelfall erforderlichen Hilfeleistungen in einem Gesundheitswesen, das den Anforderungen einer verbesserten Vernetzung, Koordination und Kooperation gerecht werden soll, müssen systematisiert gesteuert und erbracht werden. Als geeignetes Instrument wird durch den SVR Gesundheit 2007 ein „transsektorales Case Management" vorgeschlagen (Sachverständigenrat zur Begutachtung der Entwicklung im Gesundheitswesen 2007, S. 84). Dieses soll zum einen dem patientenorientierten Hilfeprozess auf Einzelfallebene und zum anderen der sektorenübergreifenden Versorgung auf Systemebene gerecht werden.

Auch wenn das Case Management (CM) kein originär für die Gesundheitsversorgung entwickeltes Instrument ist, sondern in Deutschland aus der Sozialen Arbeit adaptiert wurde, ist es gerade im Gesundheitswesen häufig zu finden. In dem SVR-Gutachten von 2007 „Kooperation und Verantwortung. Voraussetzungen einer zielorientierten Gesundheitsversorgung", beschäftigt sich der Rat mit der Implementierung eines CM in das Versorgungsgeschehen als zusätzliche Schnittstelle und befürwortet diese als „eine Verbesserung der Patientenorientierung und ggf. auch der Partizipation der Patienten in einem nach wie vor stark fragmentierten Versorgungssystem" (Sachverständigenrat zur Begutachtung der Entwicklung im Gesundheitswesen 2007, S. 87; vgl. außerdem Deutsche Gesellschaft für Care und Case Management 2013, S. 1).

Das aus dem US-amerikanischen übertragene Handlungskonzept ist nach seiner Über-setzung nicht nur auf den individualisierten Fall (Case) zu beziehen, sondern vielmehr auf die gesamte Problemsituation, in der sich der Patient befindet. Unter diesem Verständnis agiert der Case Manager im Rahmen einer systematischen Prozesssteuerung einerseits auf Fall- bzw. Handlungsebene durch die professionelle Eruierung und zielorientierte Umsetzung einer Falllösung. Andererseits agiert er auf Systemebene zur Koordination und Steuerung entsprechender Hilfemaßnahmen auf allen Versorgungssektoren. (Vgl. Hansen 2006, S. 17; im Weiteren Deutsche Gesellschaft für Care und Case Management 2013)

Die Implementierung des CM in verschiedenen Bereichen des Gesundheits-wesens gewinnt gerade aufgrund der Einführung des DRG-Fallpauschalensystems im stationären Sektor und nicht zuletzt rückführend auf die Weiterentwicklung des Versorgungsmanagements zunehmend an Bedeutung. So bedienen sich zahlreiche Kooperations- und Vernetzungsansätze der Methode des Case Managements (vgl. dazu u. a. Löcherbach et al. 2013). Unter Beachtung der Wirtschaftlichkeit und gleichzeitig einer patientenorientierten Sicherstellung gesundheitlicher Versorgung, gilt es dabei, die Fallsteuerung über Sektorengrenzen hinaus zu ermöglichen.

3.3.4   Vielfalt von Netzwerkmodellen

Auch wenn die gesetzliche Implementation integrierter Versorgungsformen viele Möglichkeiten der Vernetzung im Gesundheitswesen bietet, ist die Versorgungs-landschaft auch weiterhin geprägt von einer wechselseitigen Abschottung der Sektoren (vgl. Rosenbrock & Gerlinger 2014, S. 403). Vernetzungsbemühungen sind vorhanden, allerdings in ihrer Ausgestaltung und Form äußerst heterogen.

Unterschiedliche Netzwerkaktivitäten in der Praxis reichen z. B. von einem Ärztenetz, über inhaltliche Ansätze, wie ein Demenznetzwerk oder Rehabilitations-konzept, bis zur Gesundheitskonferenz oder einem regionalen Gesundheitsanbieter (s. dazu die beispielhaften Netzwerkmodelle in *Kap. 6*). Die Heterogenität interorganisationaler Netzwerke zeichnet sich durch verschiedene Merkmale aus, wie

z. B. die Größe oder die Dauer. *Tab.* 2 gibt einen Eindruck über mögliche Ausprägungen von Netzwerkdimensionen, die zwar zum Teil ineinander übergehen und nicht scharf abzugrenzen sind, aber die Spannweite von Netzwerken im Gesundheitswesen verdeutlichen.

Tabelle 2: Netzwerkdimensionen[6]

Dimensionen	Ausprägungen			
Motiv	Erschließung von Ressourcen	Qualitäts-steigerung	Kostensenkung	Risikobe-schränkung
Intensität	Erfahrungs-/ Informations-austausch	Absprachen-kooperation	Austausch-kooperation (reziprok)	Gemeinschafts-kooperation (redistributiv)
Formalisierungs-grad	Formlos	Vertraglich	Kapital-beteiligung	
Aktivitätsgrad	Proaktiv	Reaktiv		
Zutritts-/ Austrittsmöglichkeit	Offen	Geschlossen		
Akteursvielfalt	Bilaterale Kooperation	Netzwerk		
Kooperations-richtung	Horizontal	Vertikal	Diagonal	
Reichweite	Lokal	Regional	National	International
Dauer	Kurzfristig (< 1 Jahr)	Mittelfristig (1-5 Jahre)	Langfristig (> 5 Jahre/ unbefristet)	
Versorgungsbereich	Prävention	Kuration	Rehabilitation	Pflege

Quelle: Geänderte Darstellung (vgl. Klemann 2007, S. 92)

Die **Motive** von Netzwerken können sehr unterschiedlich sein. So kann ein kleines Krankenhaus auf netzwerkinterne Ressourcen zurückgreifen wollen (bspw. auf technische Geräte) oder die Forderung einer Qualitätssteigerung führt zur gemeinsamen Abstimmung von Patientenüberleitungsinstrumenten in einem Netz-werk. (Vgl. Klemann 2007, S. 93)

Die **Intensität** des Netzwerks geht von einem losen Erfahrungsaustausch (z. B. Ärztestammtisch) über einfache Absprachen (z. B. regionale Belegungsabsprachen) bis zu reziproken Austauschformen als wechselseitige Nutzung der verschiedenen Ressourcen (z. B. der Know-how-Austausch im Netzwerk) als auch einer redistributiven Kooperation (Zusammenlegung von Ressourcen, wie bspw. sektoren-übergreifende Fallkonferenzen) (vgl. Merschbächer 2000, S. 146f.).

---

[6] Die Begrifflichkeiten der Dimensionen wurden an die in *Kap.* 6 untersuchten Netzwerkmodelle angepasst, da die Bezeichnungen sich je nach Quelle zum Teil erheblich unterscheiden. Zudem soll die verkürzte Darstellung v. a. die Verschiedenheit von Netzwerken deutlich machen. Weder die gewählten Dimensionen noch die Ausprägungen erheben einen Anspruch auf Vollständigkeit.

Unmittelbar damit einhergehend, ergibt sich die Verbindlichkeit der Zusammenarbeit anhand des **Formalisierungsgrades**. Je nach Intensitätsstufe steigen die formalen und rechtlichen Anforderungen der Netzwerkbeziehung. Ein einfacher Informationsaustausch wird i. d. R. formlos gestaltet. Dagegen können kooperative Abkommen (z. B. die Einhaltung von bestimmten Regeln der Zusammenarbeit) vertraglich vereinbart werden, um einen Konsens verbindlich festzuhalten. Die intensivste formalisierte Form der Vernetzung geht durch kapitalmäßige Verflechtung nahezu in einen Unternehmenszusammenschluss über. (Vgl. Oberender & Fleckenstein 2005, S. 11; Klemann 2007, S. 94)

Eine weitere Differenzierung bildet der **Aktivitätsgrad** des Netzwerks. Zum Teil werden Konzepte gemeinsam erarbeitet und gestaltet (proaktiv), zum Teil dienen die Netzwerke auch nur einem anlassbezogenem Austausch (reaktiv). (Vgl. Klemann 2007, S. 95)

Unter **Zutritts- und Austrittsmöglichkeiten** sind Anforderungen zu verstehen, die beim Eintritt in ein Netzwerk (u. a. Verpflichtungen/ Bedingungen) und auch beim Austritt zu erfüllen sind. Zudem können bestimmte Netzwerke auch geschlossen sein und damit weiteren Organisationen die Aufnahme verwehren. (Vgl. Rautenstrauch et al. 2003, S. 16)

Netzwerke unterscheiden sich zudem in der **Akteursvielfalt**. In Erweiterung zu bilateralen Kooperationen ist ein Netzwerk meist multilateral angelegt und besteht so aus mindestens drei eigenständigen Organisationen (vgl. Reiß 1998, S. 225, außerdem Kap. 2.2). Nicht nur die Anzahl der Akteure differiert in der Praxis, sondern auch die Zusammensetzung verschiedenster Organisationen mit zunächst unterschiedlichen Partikularinteressen. Dieffenbach et al. ordnen eine Auswahl möglicher Akteure in der Gesundheitsversorgung in drei Typen (*Tab. 3*):

Tabelle 3: Akteure in der Gesundheitsversorgung

Gruppe A	An der Beratung, Behandlung, Pflege und Rehabilitation der Patienten unmittelbar beteiligte Akteure u. a. Haus- und Facharzt, Krankenhaus, amb. und stat. Rehaeinrichtung, Pflegedienst und -einrichtung, Pflegestützpunkt, Hospiz- und Palliativdienst, Heil- und Hilfsmittelerbringer, regionaler Beratungs- und Unterstützungsdienst, Apotheke, Krankentransportdienst
Gruppe B	Als Finanzierungsträger mittelbar an der Versorgung der Patienten beteiligte Akteure u. a. Kranken- und Pflegeversicherung, MDK, Rentenversicherung, Unfallversicherung, örtliche und überörtliche Sozialhilfe

Gruppe C	Staatliche Fach- und Kommunalverwaltung, Verbände und Interessenvereinigungen als flankierend beteiligte Akteure u. a. Deutsche Krankenhausgesellschaft, Landeskrankenhausgesellschaften, Kassenärztlich Vereinigung, öffentliche Träger (z. B. Kommune), freigemeinnützige Träger/ Wohlfahrtsverbände, Gesundheitsamt, Berufsverbände, Selbsthilfegruppen, Koordinationsgremien

Quelle: Geänderte Darstellung (vgl. Dieffenbach et al. 2002, S. 37-38)

Akteure sind entweder unmittelbar in der Behandlung, Beratung und Betreuung beteiligt (**Gruppe A**) oder mittelbar in der Finanzierung (**Gruppe B**) sowie flankierend als bestimmte Interessenverbände (**Gruppe C**). Die Vielzahl der Akteure im Versorgungsgeschehen und die Breite ihrer Positionen und Interessen deutet auf die Komplexität und gleichzeitig Unterschiedlichkeit von Vernetzungsaktivitäten. (Vgl. Dieffenbach et al. 2002, S. 36f.)

Entsprechend der Branchen bzw. Versorgungsbereiche, aus denen die Akteure im Netzwerk agieren, ergibt sich die Kooperationsrichtung (*Abb. 9*).

Abbildung 6: Kooperationsrichtung

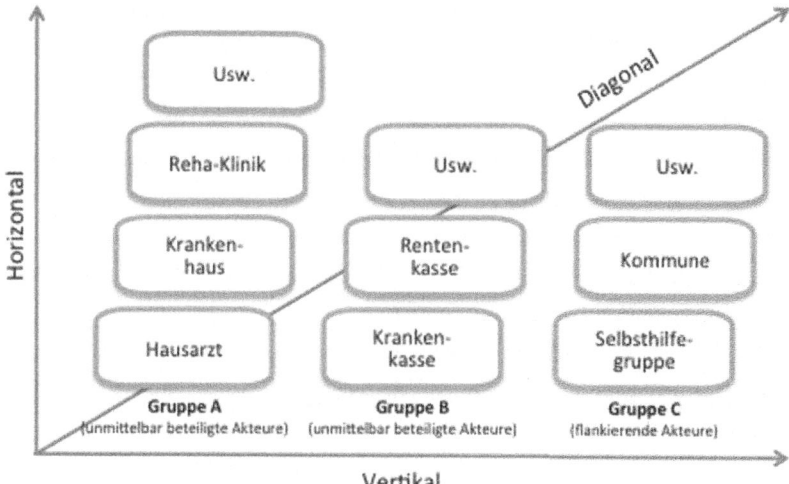

Quelle: Eigene Darstellung (angelehnt an Ahlert 2010, S. 21)

Eine **horizontale Kooperation** ergibt sich durch Akteure, die im gleichen Versorgungsbereich tätig sind (z. B. Hausarztnetz) oder aber mindestens in der gleichen Gruppe (vgl. dazu Dieffenbach et al. 2002, S. 37-38).

Von **vertikalen Kooperationen** wird gesprochen, wenn die Netzwerkpartner aus unterschiedlichen Gruppen (z. B. ein Versorgungsnetz mit mehreren Krankenhäusern und einer Krankenkasse) zusammengesetzt sind. Im Bereich der Rehabilitation halten Sydow & Auschra gerade die Kooperation zwischen Leistungserbringer und Leistungsträger für feldtypisch (vgl. Sydow & Auschra 2015, S. 1). Klemann u. a. bezeichnen bereits Netzwerkakteure aus einer Gruppe aber aus unterschiedlichen Versorgungsbereichen (z. B. ein Onkologienetzwerk aus Krankenhaus, Hausärzten, Palliativ-Pflegedienst und Altenhilfeeinrichtung) als vertikale Kooperation (vgl. Klemann 2007, S. 96; Rautenstrauch et al. 2003, S. 14).

Werden mehrere Versorgungsbereiche und Gruppen in der Akteursvielfalt im Netzwerk überschritten, liegt eine **diagonale Kooperation** vor (z. B. eine regionale Gesundheitskonferenz, in der Kommune, Leistungserbringer und Leistungsträger vernetzt sind). Im Vordergrund steht hier meist die Kombination der unterschiedlichen Kompetenzen und Wissensbestände, die zu innovativen Problemlösungen führen können (vgl. Klemann 2007, S. 96).

In Anknüpfung an die Netzwerkdimensionen aus *Tab.* 2 unterscheiden sich Netzwerke zusätzlich nach ihrer **Reichweite**. Die Bandbreite beispielhafter Netzwerke reicht von einem lokalen Therapienetz, über eine regionale Gesundheitskonferenz, bis zu einer nationalen Enquete-Kommission oder sogar internationalen Gesundheitsverbünden wie die WHO. Dabei ist jeweils der Geltungsbereich der Akteure ausschlaggebend für die Reichweite, nicht die Herkunft. (Vgl. Rautenstrauch et al. 2003, S. 16)

In Bezug auf die **Dauer** von Netzwerken im Gesundheitswesen ist von einer großen Gemengelage auszugehen. Grundsätzlich lassen sich dauerhaft angelegte Formen von zeitlich befristeten Formen unterscheiden. Ist der Netzwerkbezug sachlich und zeitlich klar umrissen, so kann die Zusammenarbeit auch nur von kurzer Dauer sein. Problematisch ist dabei, dass über diese Netzwerke meist wenig nach außen dringt. Erst mit der Zeit werden strukturell verankerte Netzwerke (meist über ein Jahr) sichtbar für die (Fach-)Öffentlichkeit. (Vgl. Klemann 2007, S. 98)

Netzwerke können bestimmte **Versorgungsbereiche** oder inhaltliche Schwerpunkte fokussieren (z. B. ein Demenz-Netzwerk) und sich damit definitorisch abgrenzen. Die klare Zielstellung einer bestimmten Versorgungsproblematik versammelt meist spezialisierte Experten zu diesem Thema, oft auch regional begrenzt. Eine beispielhafte Zusammenstellung von Netzwerken im Gesundheitswesen mit unterschiedlichen Modellschwerpunkten (u. a. Ältere Menschen, Demenz, Medizinische Versorgung, Mobilität, Palliativversorgung, Pflegerische Versorgung, Prävention/ Gesundheitsförderung, Psychische Erkrankung, Sozialer Bereich, Wohnen) bietet das Modellprojekt InGe, das deutschlandweit innovative Gesundheitsmodelle und die Erfahrungen der Modelle der Öffentlichkeit zur Verfügung stellt (vgl. dazu Institut für Allgemeinmedizin 2015)[7].

---

[7] Das Projekt InGe (Innovative Gesundheitsmodelle) des Instituts für Allgemeinmedizin an der Goethe-Universität Frankfurt steht beispielhaft für einige gelungene Internetplattformen, die zur Transparenz der Arbeit von Netzwerken beitragen. Neben einer finanziellen Förderung durch die Robert-Bosch-Stiftung konnte die projektverantwortliche Institutsleiterin, Frau Dr. Antje Erler, einige Beiträge zu den SVR Gesundheit-Gutachten 2009 und 2014 beitragen.

4 Stand der Forschung zum Nutzen von interorganisationalen Netzwerken

Abseits phänomenologischer Beschreibung verschiedener Vernetzungs- und Kooperationsformen im Gesundheitswesen drängt sich die Frage auf, welche positiven Wirkungen interorganisationalen Netzwerken zugeschrieben werden können. Um dieser Frage nach zu gehen ist zunächst zu klären, was unter Nutzen zu verstehen ist und wie er bestimmt werden kann. Anschließend werden im Sinne einer Sekundäranalyse zu erwartende und bestätigte Nutzeneffekte aus wissenschaftlichen Studien und relevanten Forschungsergebnissen abgeleitet und systematisiert. Da im Gesundheitswesen bzw. im Non-Profit-Bereich nur wenige veröffentliche Studien den Nutzen fokussieren, sind ebenso Forschungsergebnisse zu Unternehmensnetzwerken Gegenstand der Betrachtung.

4.1 Nutzenperspektive

Interorganisationale Netzwerke können unter verschiedenen Fragestellungen erforscht werden. Im Fokus stehen weder die Entstehung noch das strategische Management der Netzwerke, sondern deren positive Effekte. In Bezug auf die Wirkungen verwendet die Netzwerkforschung zum Teil sehr unterschiedliche Evaluationsperspektiven:

- *Ziele*, als die Möglichkeit „allen Partnerunternehmen einen höheren Nutzen bzgl. Ihrer individuellen Zielsysteme zu verschaffen als eine alleinige Vorgehensweise" (Kontos 2004, S. 19). Zusätzlich separieren Dieffenbach et al. patientenorientierte, ökonomische und allgemeinen Ziele (vgl. Dieffenbach et al. 2002, S. 178).

- *Erfolg*, „als positive Wirkung oder Folge von Entscheidungen oder Handlungen" (Klemann 2007, S. 176).

- *Netzwerkpotential*, als „die Möglichkeiten zur zusätzlichen Wertschöpfung über eine Zusammenarbeit mit anderen Unternehmen" (Riggers 1998, S. 116).

- *Synergieeffekte,* als „Teilmenge von Output-Effekten" (Seiler 2004, S. 24) und im Vergleich zum Synergiepotential das, „was tatsächlich erreicht wird" (Thiemann 2004, S. 9).

Die Beispiele stehen exemplarisch für die Unterschiedlichkeit der Forschungsperspektiven innerhalb der Wirkungsbetrachtung[1] von Netzwerken. Abhängig der verfolgten Zielrichtung ist eine im Vorfeld zu beschreibende begriffliche Klärung der jeweiligen Evaluationskriterien notwendig.

So lassen sich für die Nutzenperspektive von Netzwerken drei Dimensionen klassifizieren, die jeweils mit einer spezifischen Analyseform unterschiedliche Wirkungsebenen in den Blick nehmen (*s. Abb. 7*). Lauterbach et al. differenzieren aus gesundheitsökonomischer Sicht direkten (medizinischen und nicht-medizinischen) Nutzen, indirekten und intangiblen Nutzen (vgl. Lauterbach et al. 2009, S. 295), die wie folgt beschrieben werden können:

Abbildung 7: Nutzendimensionen

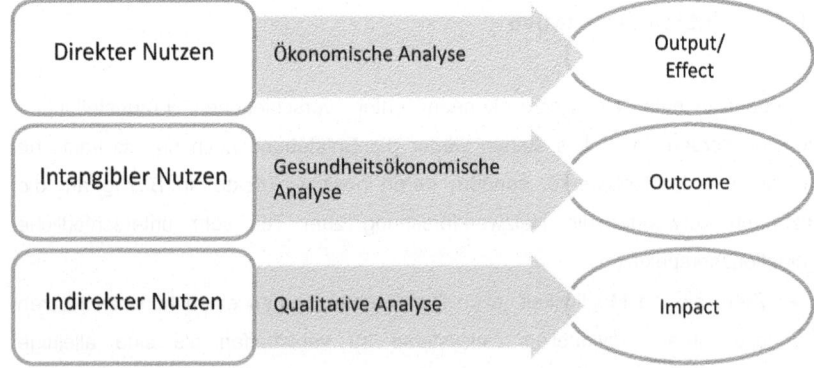

Quelle: Eigene Darstellung (vgl. Lauterbach et al. 2009, S. 295)

---

[1] Im Rahmen einer Wirkungsbetrachtung von Netzwerken können neben positiven Effekten auch negative Effekte beleuchtet werden, die allerdings nicht Kern dieser Untersuchung sein sollen. Beispiele für Nachteile bzw. Hemmnisse sind Konfliktpotenziale, Verlust an Eigenständigkeit und Flexibilität, rechtliche Hemmnisse und hohe Kooperationskosten (vgl. u. a. Klemann 2007, S. 163-170; Kontos 2004, S. 90-100; Dieffenbach et al. 2002, S. 207f.; Seiler 2004, S. 97-107).

4.1.1   Direkter Nutzen

Als direkter Nutzen wird die objektiv messbare positive Wirkung bezeichnet. Beispiele für einen Output sind z. B. der vermittelte Pflegedienst durch ein Demenznetzwerk oder die verringerte Wartezeit auf einen Arzttermin in einem Ärztenetz. Für ein Netzwerk stellt der Output i. d. R. die Erfüllung von bestimmten Zielen dar, die zuvor festgelegt wurden. Das können organisationsspezifische Ziele sein (z. B. Erhöhung der Kooperationspartner im ambulanten Bereich) oder Ziele die gemeinsam im Netzwerk verabredet werden (z. B. die Verringerung der Patienten-rückverlegungsquote um 50 %). Die Erreichung von Zielen stellt damit einen nachweisbaren Effect bzw. Nutzen dar, der sich für das Netzwerk als auch die daran beteiligten Organisationen ergibt.[2]

Um sowohl für Ziele als Wirkungen eine Nachweisbarkeit sicherzustellen, gilt es die verschiedener Outputebenen zu operationalisieren. Abstrakte Gesundheits-begriffe oder Wohlfahrtsaspekte müssen in ihrem Zielcharakter prüfbar in Kriterien und Indikatoren formuliert und eingestuft werden (vgl. Alter & Hage 1993, S. 102). Erst dann ist eine Messbarkeit gegeben.

Meist wird der direkte Nutzen mit einem monetären Output gleichgesetzt. Dabei erfolgt in ökonomischen Analysen bzw. Rentabilitätsrechnungen kein isolierter Fokus auf den finanziellen Nutzen, sodass der „notwendige Mitteleinsatz (Kosten) mit den erwarteten wirtschaftlichen Vorteilen (Nutzen) verglichen" wird (Schulenburg & Greiner 2013, S. 214).[3]

Eine Zweck-Mittel-Relation (vgl. dazu Bohne & König 1976) für inter-organisationale Netzwerke in der Praxis zu bestimmen, ist anspruchsvoll. Oftmals lassen sich der Einsatz von Ressourcen und der erzielte Output für das Netzwerk nicht trennscharf von der eigenen Organisation trennen.

---

[2] Zur Zielerreichung (Effektivität) und dem Zielerreichungsgrad (Effizienz) vgl. u. a. Barnard (1968, S. 55-59); Etzionie (1964, S. 8) sowie in Bezug auf das Gesundheitswesen Wille (1986, S. 100-101).

[3] Die Netzwerkforschung befasst sich – gerade in Bezug auf Unternehmensnetzwerke – mit zahlreichen eindimensionalen und mehrdimensionalen Evaluationsverfahren, wie z. B. Transaktionskostenmodell, Balanced Scorecard, Kosten-Nutzen-Analyse (vgl. u. a. Amelung & Schumacher 2004, S. 233ff.; für eine umfangreiche Arbeit über die ganzheitliche Bewertung von Unternehmensnetzwerken vgl. außerdem Voß 2002). Eine Darstellung der Verfahren wird vermieden, da eine eigene Kostenbewertung von Netzwerken nicht erfolgt. Schwerpunkt der Arbeit bildet vielmehr die Bündelung möglicher Nutzenaspekte und Ergebnisse bereits durchgeführter Netzwerkevaluationen.

4.1.2   Intangibler Nutzen

Ein intangibler Nutzen ist der Outcome, der sich mittel- und langfristig für die Gesellschaft bzw. das Gesundheitssystem ergibt. So kann bspw. eine Netzwerkregion durch spezielle präventive Gesundheitsangebote geringere Gesundheitsausgaben im Vergleich zu einer anderen Region erzielen. Der Nutzen des Netzwerks bezieht sich dabei sowohl auf die Patienten als auch auf die veränderten Strukturen und Prozesse der Gesundheitsversorgung innerhalb der Netzwerkreichweite (vgl. Amelung & Schumacher 2004, S. 246).

Die Gesundheitsökonomie befasst sich in der Outcome-Forschung fast ausschließlich mit Methoden der Evaluation von Gesundheitsleistungen bzw. -maßnahmen, weniger mit kooperativen Versorgungsformen (vgl. Schulenburg & Greiner 2013, S. 210; Institut für Qualität und Wirtschaftlichkeit im Gesundheitswesen 2009, S. 17).[4] Der überwiegend verwendete Evaluationsansatz ist das sog. Health Technology Assessment (HTA), als umfassende Kosten-Effektivitäts-Analyse, die im Vergleich öffentlich bereitgestellter Güter mit der ökonomischen Vorteilhaftigkeit einzelner medizinischer Leistungen gesellschaftliche, ethische und rechtliche Auswirkungen mit berücksichtigt (Greiner 2012; Schulenburg & Greiner 2013; Amelung & Schumacher 2004). Netzwerkarrangements und ihr intangibler Nutzen werden allerdings nicht berücksichtigt, sodass volkswirtschaftliche Untersuchungen zu den Auswirkungen von Netzwerken auf das Gesundheitssystem kaum zu finden sind.

4.1.3   Indirekter Nutzen

Darüber hinaus entstehen indirekte Nutzen als positive Effekte die meist nur subjektiv erfassbar sind, wie z. B. das gesteigerte Know-how in einem Netzwerk. Der Nutzen kann sich zum einen für die Organisation als Netzwerkmitglied ergeben (bspw. die erhöhte Transparenz über die Netzwerkpartner) und zum anderen für den

---

[4] Für die Nutzenbewertung sowie Kostenabschätzung von medizinischen Maßnahmen ist seit 2004 Im Rahmen der kontinuierlichen Verbesserung der Qualität und Effizienz der Gesundheitsversorgung das Institut für Qualität und Wirtschaftlichkeit im Gesundheitswesen (IQWiG) gesetzlich beauftragt (vgl. Institut für Qualität und Wirtschaftlichkeit im Gesundheitswesen 2009, S. ii - Präambel). Aus der ökonomischen Vorteilhaftigkeit bestimmter Leistungen werden auf politischer Ebene Allokations- und Rationierungsentscheidungen getroffen, allerdings bezieht das IQWiG bislang keine integrativen und sektorenübergreifenden Leistungen mit ein.

Patienten und die Gesundheitsversorgung (bspw. die gesteigerte Patienten-zufriedenheit).

Ein in der gesundheitsökonomischen Literatur verbreiteter Impact ist die gesundheitsbezogene Lebensqualität, um die Patientenperspektive ausreichend mit einzubeziehen (vgl. u. a. Greiner 2012, S. 376; Lauterbach et al. 2009, S. 298). Schulenberg & Greiner unterscheiden dabei die Dimensionen „Physisches Wohlbefinden", „Soziale Eingebundenheit" und „Emotionales Wohlbefinden" (vgl. Schulenburg & Greiner 2013, S. 247ff.).

Impacts beziehen sich häufig auf Einstellungen, Werte und Bedürfnisse und da die Bewertung „methodisch nicht unproblematisch" ist, werden qualitative (i. d. R. deskriptive) Evaluationsmethoden angewendet (Schulenburg & Greiner 2013, S. 215)[5]. Gerade das Interesse an einer Lebensqualitätsmessung ist in den vergangenen Jahren stark angestiegen, was sich an einer Vielzahl von Messinstrumenten dazu zeigt (vgl. dazu Schulenburg & Greiner 2013, S. 249-264). Die Messbarkeit macht die Einbeziehung der Lebensqualität durch gesund-heitsökonomische Analysen in Kosten-Nutzwert-Analysen möglich, sodass mittlerweile eine Zuordnung der Lebensqualität zum „intangiblen Nutzen" denkbar wäre.

Die Nutzenperspektive in dieser Arbeit soll möglichst ausgewogen sein, sodass sowohl Effects als auch Impacts berücksichtigt werden. Ausschließlich messbare Wirkungen würden einen großen Teil an deskriptiven Nutzenaspekten ausklammern. Gleichzeitig wäre die ausnahmslose Nennung subjektiver Nutzen eine unzureichende Wirkungsbetrachtung. Die Sekundäranalyse der Netzwerkforschung und die Fallstudien betrachten daher sowohl qualitativ evaluierte Nutzenaspekte, als auch messbare Kriterien aus Datenanalysen.

---

[5] Darunter u. a. die Humankapitalmethode sowie der Friktionskostenansatz. Beide volkswirtschaftliche Evaluationsansätze werden gleichzeitig auch kritisch betrachtet. (Vgl. Schulenburg & Greiner 2013, S. 219-220)

4.2   Umfang und Auswahl der Studien

Die wissenschaftliche Durchdringung von Netzwerken bleibt deutlich hinter der Vielfalt und ständigen Weiterentwicklung von Kooperations- und Vernetzungsformen in der Praxis zurück. Das gilt im Übrigen selbst für Unternehmensnetzwerke (vgl. Theurl 2010, S. 314). Auch wenn empirische Studien im Bereich der Netzwerkforschung[6] zu finden sind, unterscheiden sich diese sich in Qualität und Systematik erheblich. So erweist sich die „eher soziologisch und wirtschafts-wissenschaftlich orientierte Forschungspraxis zur interorganisationalen Kooperation (...) als äußerst heterogen im Hinblick auf die zugrunde gelegten Methoden, Theorieentwicklungen und praktischen Empfehlungen" (Seiler 2004, S. 7).

Netzwerkevaluationen sind nach Sydow & Duschek eine wichtige Praktik des Netzwerkmanagements (vgl. Sydow & Duschek 2011, S. 188ff.). Sie betrachten oftmals strategische Gesichtspunkte, die zur Gründung und weiteren Stabilisierung von Netzwerken beitragen. Wirkungsorientierte Teilaspekte sind gleichwohl selten Teil der Evaluationen. Aussagen zum Netzwerkerfolg bzw. dem Nutzen sind daher in einer deutlich geringeren Anzahl in empirischen Arbeiten zu finden. Das gilt insbes. für das Gesundheitswesen bzw. darüber hinaus für den Non-Profit-Bereich.

Um eine große Bandbreite an Erkenntnissen von theoretisch beschriebenem und evaluiertem Netzwerknutzen aufzeigen zu können sind auch interorganisationale Netzwerke im Profit-Bereich mit einbezogen worden. Theurl spricht hierbei von einer Fülle an Fallbeispielen, auch wenn die Evidenz noch nicht hinreichend systematisch aufgearbeitet sei (vgl. Theurl 2010, S. 315). Die deutlich weiterentwickelte Nutzenerforschung im Bereich der Unternehmensnetzwerke kann möglicherweise dem Gesundheitswesen eine breitere Argumentationsbasis bieten, vorausgesetzt eine Übertragbarkeit ist gewährleistet. Hinweise darauf geben die Fallstudien in *Kap. 6* sowie die darauf folgende Diskussion in *Kap. 7*.

Daraus resultiert die Zusammenführung von Studien und Forschungsergebnisse aus dem gesundheits-, sozial- und wirtschaftswissenschaftlichen Bereich. Einige Arbeiten verfolgen eigene empirische Forschungsansätze (Primäranalysen) und

---

[6] Die Netzwerkforschung stellt ein interdisziplinäres Forschungsfeld dar. In Abgrenzung zu a) netzwerktheoretischen Betrachtungen in der Informatik und b) lebensweltlichen Kontexten sozialer Netzwerke in der Psychologie/ Sozialen Arbeit, ist hier ausschließlich der analytische Zusammenhang interorganisationaler Sachverhalte gemeint (s. auch Netzwerkdefinition in *Kap. 2*).

andere befassen sich mit bereits vorliegenden Erkenntnissen (Sekundäranalysen). Für eine differenzierte Übersicht der wirkungsbezogenen Ergebnisse wurden die einbezogenen Quellen nach dem folgenden Schema geordnet (*Abb. 8*).

Abbildung 8: Systematisierung von Netzwerkanalysen

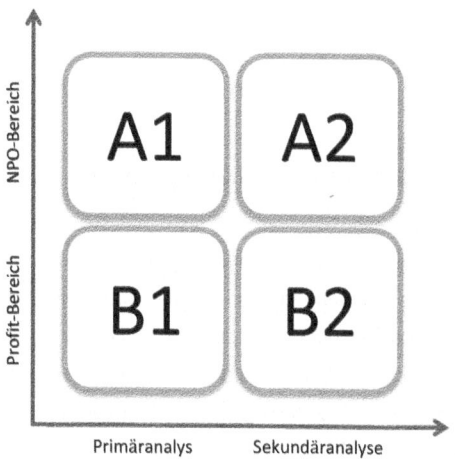

Quelle: Eigene Darstellung

Insgesamt wurden 10 Primär- und 7 Sekundäranalysen ausgewählt, die in deutscher oder englischer Sprache veröffentlicht sind (darunter auch publizierte Dissertationen) und möglichst umfangreiche quantitative und qualitative Aussagen zu Wirkungen, Effektivität, Effizienz, Nutzen und Erfolg von interorganisationalen Netzwerken treffen.[7] Die Auswahl orientierte sich darüber hinaus an häufig rezensierte Quellen, so auch einige exemplarische Metaanalysen im Profit-Bereich, die eine deutlich höhere Studienanzahl abbilden (vgl. dazu u. a. Bogenstahl & Imhof 2009; sowie

---

[7] Die Zusammenstellung von Forschungsergebnissen erhebt weder Anspruch auf Repräsentativität noch auf Vollständigkeit. Da die Grundgesamtheit an Studien nicht bekannt ist, kann weder eine probabilistische (zufällig) noch eine nicht-probabilistische (bewusst) Stichprobe genommen werden. Der Auswahlprozess orientierte sich eher an dem „theoretischen Sampling", also der schrittweise Entwicklung von Beispielen, um eine möglichst differenzierte Nutzendarstellung zu erlangen (vgl. Strübing 2003, S. 54f.; im Weiteren Glaser & Strauss 1998; Strauss & Corbin 1996).

Zur Recherche der vorliegenden Studien dienten verschiedene Literaturdatenbanken aus den Gesundheitswissenschaften (u. a. PubMed, PSYINDEX), Sozialwissenschaften (ProQuest, SSCI, SOWIPORT) sowie Wirtschaftswissenschaften (EBSCO, JSTOR, ECONIS). Darüber hinaus sind händisch weitere Bibliographien, Fachzeitschriften, Abstracts und veröffentlichte Tagungsberichte/ Präsentationen mit einbezogen worden.

Riggers 1998). Nach gegenwärtiger Recherche liegen im NPO-Bereich bisher keine verwertbaren Sekundäranalysen vor, was für die noch unzureichend zu bewertende Situation der Nutzenforschung spricht. Die ausgewerteten und systematisierten Netzwerkstudien teilen sich nach *Abb. 8* wie folgt auf:

- 6 Studien (A1)
- 4 Studien (B1)
- 7 Studien (B2)

4.3   Übersicht der Forschungsergebnisse

So vielgestaltig wie die Vernetzungsformen in der Praxis, sind auch Herangehensweise und Darstellung der verschiedenen Forschungsarbeiten. Die identifizierten und ausgewählten empirischen Studien zeigen neben der Unterscheidung zwischen Profit- und Non-Profit-Netzwerken eine große Heterogenität hinsichtlich Zielsetzung, methodischem Vorgehen und Nutzenbetrachtung.

Um einen systematischen Eindruck von den Ergebnissen interorganisationaler Netzwerke zu erlangen, wäre eine isolierte Nennung und Auflistung von Nutzenaspekten unzureichend. Die Ergebnisse sind daher zur Nachvollziehbarkeit möglichst in ihrem jeweiligen Erkenntniskontext eingebettet. Aufschlussreich ist, über die theoretisch beschriebenen und bestätigten Wirkungen hinaus, auch das Anwendungsfeld des Netzwerks und wie die jeweilige Studie angelegt ist (z. B. Stichprobengröße). In allen Punkten sind erhebliche Unterschiede in den untersuchten Forschungsarbeiten feststellbar. Die Zusammenstellung versucht infolgedessen einen Überblick des komplexen Forschungsfeldes zu vermitteln.

In der gewählten tabellarischen Darstellung werden Kurzzusammenfassungen der Studien aufgezeigt. Um einer übersichtlichen Illustration der Forschungsinhalte gerecht zu werden beschränken sich die aufgeführten Ergebnisse weitestgehend auf den in der jeweiligen Arbeit genannten Nutzen von Netzwerken. Hierzu wurden die herausgearbeiteten Inhalte zum Teil stichpunktartig resümiert und bei bereits wirkungsbezogenen oder stichhaltigen Schilderungen möglichst wortgetreu im Original belassen. Die Literaturangaben ergeben sich für jede Studie aus der

Tabelle, so wie Informationen – sofern diese vorhanden waren – über Erkenntnisziel und zum methodischen Vorgehen. Die Reihenfolge der Studien erfolgt anhand der zuvor beschriebenen Systematisierungslogik (A1, A2, B1, B2) und ist je Rubrik alphabetisch geordnet.

4.3.1   Primäranalysen im Non-Profit-Bereich (A1)

Tabelle 4: Studien zum Nutzen von interorganisationalen Netzwerken (A1)

Buch/ Quelle[1]	Inhalt/ Forschung	Ergebnisse in Bezug auf den Netzwerknutzen
ALTER UND SOZIALES E. V. (2007): *Evaluation der Effektivität und Effizienz eines integrierten Versorgungssystems für ältere hilfe- und pflegebedürftige Menschen am Beispiel der Pflege- und Wohnberatung in Ahlen (Abschluss- und Ergebnisbericht).*	Erkenntnisinteresse: Evaluation der Effektivität und Effizienz eines integrierten Versorgungssystems für ältere hilfe- und pflegebedürftige Menschen am Beispiel der Pflege- und Wohnberatung in Ahlen, an dem drei Forschungsinstitute beteiligt waren: Institut 1 (iso-Institut Saarbrücken): Das Institut fragt u. a. nach Effekten der Wohn- und Beratungsstelle aus der Perspektive der Ratsuchenden und der Profis. a) 30 Narrative Interviews mit Ratsuchenden (Pflegebedürftige und ihrer Angehörigen) b) 8 leitfadengestützte Experteninterviews (Beratungsstelle & Kooperationspartner) Institut 2 (Charité Berlin): Das Hauptinteresse der Untersuchung galt der Frage:	Untersucht wurden die Effekte nach Einführung der Pflege- und Wohnberatung, auch im Vergleich zu Vergleichsregionen ohne eine solche vernetzte Hilfestruktur. Dabei geht es insgesamt um Wirkungen von partnerschaftlicher Kooperation, qualitätsgestützter Beratungsarbeit und prozesssteuernder Koordination innerhalb eines Versorgungssystems. Gesamtergebnisse der drei beteiligten wissenschaftlichen Institute: • stabilisierte Beziehungen zu einigen Arztpraxen • Reputation: Beratung anderer Familienmitglieder der Ratsuchenden → Mund-zu-Mund-Propaganda • Beratungen steigerten die Akzeptanz der Entscheidung der Pflegekasse Institut 1: a) Ergebnisse aus der Perspektive der Ratsuchenden • aufsuchende Nachsorge durch den Pflege- und Wohnberater hat eine stark präventive Wirkung und ist in den Interviews häufig als entscheidender Entlastungseffekt beschrieben worden • jemand hat die Situation "im Griff" der Ratsuchende kann sich "dort jederzeit hinwenden" • Unterstützung auch für pflegende Angehörige • Wertschätzung und Vertrauen gegenüber "neutralem" Ansprechpartner • Konkretisierung des Hilfebedarfs • Vermittlung notwendiger Infrastrukturkenntnisse (sozialräumliche Hilfestrukturen) • Stabilisierung des Hilfesettings durch Nachsorge (Kontrolle der Maßnahmenrealisierung) b) Ergebnisse aus der Perspektive der Profis • Gute Weiterbetreuung im ambulanten Bereich aus Kliniksicht → komplementäres

---

[1] Redaktioneller Hinweis: Die inhaltlichen Beschreibungen der Studien entsprechen stellenweise dem Originaltext der genannten Quelle. Auf textpassagengenaue Hervorhebungen und Seitenangaben wurde im Hinblick auf die überblicksartige Darstellungsweise und Leserfreundlichkeit bewusst verzichtet.

Spart die Existenz einer Pflege- und Wohnberatung und einer vernetzten Versorgung in einer Kleinstadt Versorgungskosten bei der Betreuung pflegebedürftiger Personen? Mit Hilfe einer Kosten-Nutzen-Analyse wurde a) der Vergleich zwischen beratenden Bürgern und nicht beratenden Bürgern gezogen und b) der Vergleich zwischen Regionen mit und ohne Pflege- und Wohnberatung (Ahlen und Menden). Institut 3 (Katholische Fachhochschule Nordrhein-Westfalen) Primärer Auftrag war die Entwicklung ortsunabhängiger Qualitätsstandards für Pflege- und Wohnberatungsstellen. Neben den Arbeitsgrundlagen der Ahlener Beratungsstelle wurden Ergebnisse einer bundesweiten Befragung von Pflege- und/ oder Wohnberatungsstellen mit einbezogen.	Angebot • Neutralität der Beratungsstelle (keine einzelne Einrichtung oder Träger!) • deutliche Verbesserung der ambulanten Versorgung • Vermeidung von Aufnahmen in die stationäre Pflege • gegenseitige Wertschätzung • Verbindlichkeit • schnelles Reagieren • Systematisierung des Infoflusses und Formulare zur Bedarfsermittlung • hohe Akzeptanz bei den Trägern • Aufgaben wirken "strukturbildend" und "qualitätssichernd", z. B. auch zur konzeptionellen Weiterentwicklung d. Systems • frühzeitiges Erkennen problematischer Veränderungen und Aufzeigen von Lösungswegen vor krisenhafter Zuspitzung der Hilfesituation hat präventive Wirkung Institut 2: • Kosteneinsparung bei Leistungen nach SGB XI von 200 € pro beratenden Bürger monatlich • Beratene in Ahlen bleiben länger in der Pflegestufe 1 und 2 als die nicht beratenden in Menden • deutliche Kosteneffekte für die Träger der Leistungen des SGB XI und - mit Blick auf die Vermeidung eines stationären Aufenthaltes - auch des SGB V und rechtfertigt deren Beteiligung an der Finanzierung der Beratungsstelle Institut 3: Keine relevanten Ergebnisse in Bezug auf Effekte

	Erkenntnisinteresse / Methode	Erwartete Wirkungen
DIEFFENBACH, Susanne; LANDENBERGER, Margarete; WEIDEN, Guido von der (2002): *Kooperation in der Gesundheitsversorgung. Das Projekt "VerKet" - praxisorientierte regionale Versorgungsketten.* Neuwied, Kriftel: Luchterhand.	Erkenntnisinteresse: Analyse der Rahmenbedingungen für Vernetzungsprojekte im Gesundheitswesen. Dabei werden die spezifischen Gegebenheiten beispielhafter Regionen und ausgewählter Patientengruppen in Bezug auf Kooperationsmodelle und Versorgungsketten untersucht. Methode: Mehrschrittige Datenerhebung in Zusammenarbeit mit wissenschaftlichen Instituten, in Form von Patientenbefragungen, Experteninterviews und einer Fallstudie (der zu vernetzenden Gesundheits- und Pflegeeinrichtungen, Kostenträger und Verbände der Stadt und Region Ludwigshafen). Stichprobe: Interviews mit 20 Experten, schriftliche und mündliche Befragung von 112 Patienten und Abbildung der absolvierten Patientenpfade	Erwartete Wirkungen Gruppe A: an der Beratung, Behandlung, Pflege und Rehabilitation der Patienten unmittelbar beteiligte Akteure • bessere Informationen über nachgeordnete Hilfen • Steigerung/ Ergänzung der eigenen Professionalität • Förderung der Integration des Patienten in sein soziales Umfeld • Entwicklung neuer zukunftsbezogener Tätigkeitsfelder und Berufsbilder (z. B. Case Management, Managed Care) • direkte Patientenströme durch Kooperationsbeziehungen • Konkurrenzvorteile und Imageverbesserung der einzelnen Einrichtung • indirekte Patientenakquisition Gruppe B: als Finanzierungsträger mittelbar an der Versorgung der Patienten beteiligte Akteure • Vernetzungsleistungen sind nicht nur Mehrleistungen im Interesse des Patienten, sondern auch Instrumente zur Ausgabensenkung im Interesse des Arbeitnehmer und Arbeitgeber als Beitragszahler • Überwindung von Systemtrennungen, z. B. Pflegekonferenzen mit Sozialhilfeträgern und Pflegekassen • Aktive (Mit-)Gestaltungsmöglichkeit des Leistungsgeschehens, über Zuständigkeitsbereiche hinaus • Gleichzeitig beinhalten Koordination und Kooperation Chancen, die Behandlungsprozesse wirtschaftlich zu gestalten Gruppe C: Staatliche Fach- und Kommunalverwaltung, Verbände und Interessenvereinigungen als flankierend beteiligte Akteure • Stärkung des Gesundheits- und Sozialwesens durch Einflussnahme • Umsetzungsorientierung für Vernetzungskonzepte • Übernahme einer "Mentorenfunktion" z. B. der Kommune • Doppelter Zugewinn: Unterstützung Versorgung und gesundheitspolitische Einflussnahme (programmatische Äußerungen) • Entstehung und Förderung neuer Tätigkeitsfelder und Berufsbilder • Partizipationsmöglichkeiten für staatliche Instanzen (wie Verbände etc.) Vernetzung ist die Möglichkeit, die Behandlung und Pflege im Interesse des Patienten zu integrieren
GOES, James B.; PARK, Seung Ho (1997):	Erkenntnisinteresse: Untersuchung interorganisationaler Netzwerke	Interorganisationale Vernetzungen (strukturell, administrativ, ressourcenbezogen) zu anderen Krankenhäusern, Organisationen und Verbänden führen zu einer höheren Anzahl an Dienstleistungsinnovation.

Interorganizational Links and Innovation: The Case of Hospital Services. *Academy of Management Journal, 40*(3), S. 673-696.	im Bereich des Krankenhauswesens nach ihrer Beziehung und Innovation. <u>Methode</u>: Interviews. <u>Stichprobe</u>: 388 Krankenhaus-Netzwerke	
KLEMANN, Ansgar (2007): *Management sektoren-übergreifender Kooperation. Implikationen und Gestaltungs-empfehlungen für erfolgreiche Kooperation an der Schnittstelle von Akutversorgung und medizinischer Rehabilitation* (Band 5: Gesundheits-wirtschaft. Krankenhaus-Management, Medizinrecht, Gesundheits-ökonomie). Wegscheid: WIKOM GmbH.	<u>Erkenntnisziel</u>: Erkenntnisse über Erfolgsfaktoren, Kooperationsmanagement-prozesse und den Erfolg sektorenübergreifender Kooperation an der Schnittstelle von Akutversorgung und medizinischer Rehabilitation. <u>Methode</u>: Fallstudien aufbauend auf Experteninterviews und dokumentengestützte Inhaltsanalysen. <u>Stichprobe</u>: Drei repräsentative Kooperationsprojekte an der Schnittstelle zwischen Akut- und Reha-Bereich.	Kriteriengestützte Bewertung der durch die sektorenübergreifende Zusammenarbeit eintretenden Veränderungen (Kooperationserfolg), aus unterschiedlichen Perspektiven: <u>Perspektive der Leistungserbringer:</u> <u>Akutbereich:</u> Ein wesentlicher Vorteil der Kooperation besteht darin, dass zunehmend zeitnahe und abgesicherte Verlegungen möglich sind. Einen Beitrag zur Qualitätsverbesserung leisten insbes. die Entwicklung und der Einsatz von Behandlungspfaden. Bessere Kapazitätsauslastungen mit positive Wirkung auf die Erlössituation werden zum einen durch Vereinbarungen zu Rückverlegungen von den Reha-Partnern zum Akutpartner im Kernbereich der Patientenbehandlung erreicht, zum anderen in medizinischen und nicht-medizinischen Sekundär- und Tertiärbereichen, in denen die Akutseite den oder die Partner mit versorgt. Darüber hinaus ist durch eine gesteigerte Versorgungsqualität im Rahmen einer innovativen Vorgehensweise von einem Marketingeffekt auszugehen, der sich nicht nur positiv auf die Außendarstellung auswirkt, sondern zudem das Patienteninteresse bzw. das Interesse der Kostenträger steigert, Behandlungsangebote – nicht nur im Kooperationsbereich – in Anspruch zu nehmen. <u>Rehabereich:</u> Die Reha-Seite profitiert von einem gesicherten und in der Regel höheren Patientenzufluss aus dem Partnerkrankenhaus. Qualitätsverbesserungen sowie Kosteneinsparungen sind einerseits durch die bessere Abstimmung der primären Leistungsprozesse und andererseits durch die teilweise enge Anbindung an die Sekundärprozesse des Akuthauses möglich. Reputationseffekte, resultierend aus einer funktionierenden sektorenübergreifenden Kooperation, werden von fast allen Reha-Partnern angenommen. Insgesamt ergeben sich Kooperationserfolge auf folgende Kriterien: • Versorgungsqualität • Kostensituation • Umsatz im Kerngeschäft • Umsatz im Sekundär-/ Tertiärbereich • Know-how-Transfer

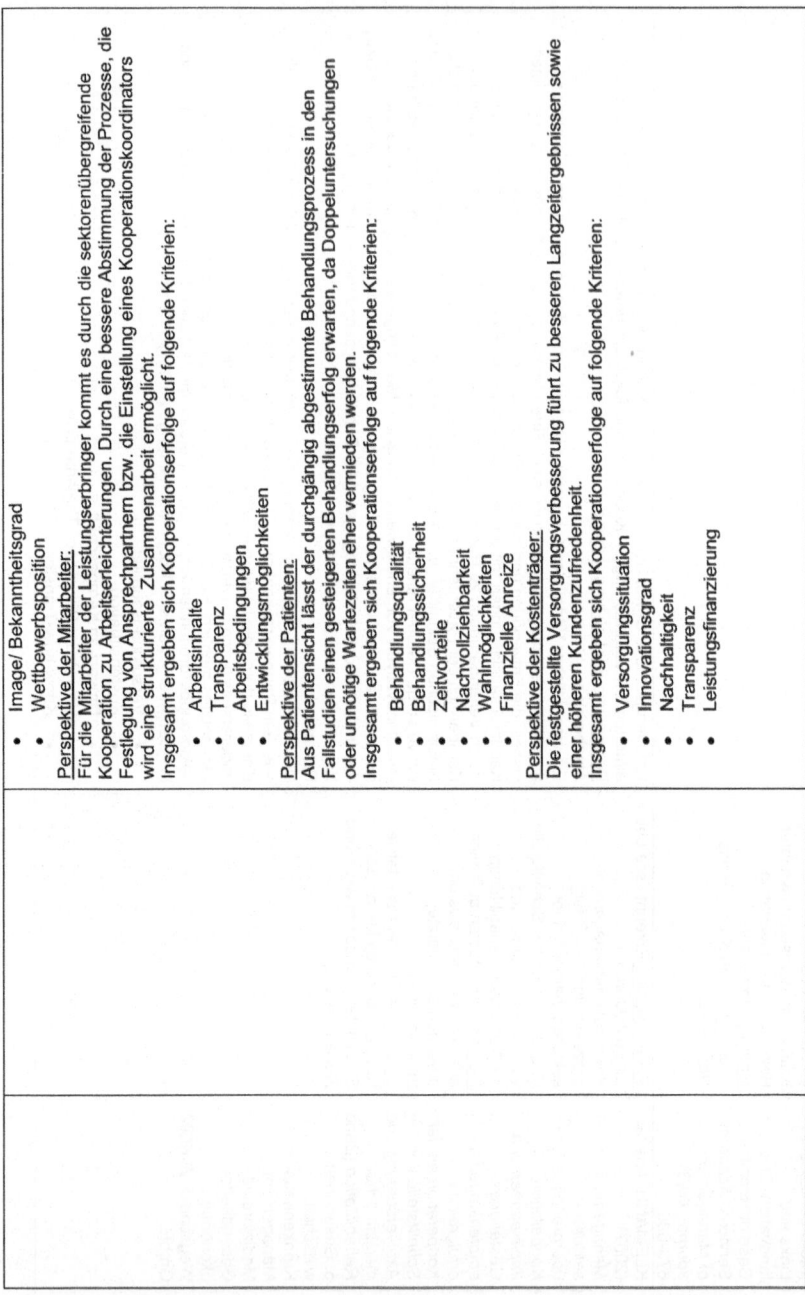

- Image/ Bekanntheitsgrad
- Wettbewerbsposition

Perspektive der Mitarbeiter:
Für die Mitarbeiter der Leistungserbringer kommt es durch die sektorenübergreifende Kooperation zu Arbeitserleichterungen. Durch eine bessere Abstimmung der Prozesse, die Festlegung von Ansprechpartnern bzw. die Einstellung eines Kooperationskoordinators wird eine strukturierte Zusammenarbeit ermöglicht.
Insgesamt ergeben sich Kooperationserfolge auf folgende Kriterien:

- Arbeitsinhalte
- Transparenz
- Arbeitsbedingungen
- Entwicklungsmöglichkeiten

Perspektive der Patienten:
Aus Patientensicht lässt der durchgängig abgestimmte Behandlungsprozess in den Fallstudien einen gesteigerten Behandlungserfolg erwarten, da Doppeluntersuchungen oder unnötige Wartezeiten eher vermieden werden.
Insgesamt ergeben sich Kooperationserfolge auf folgende Kriterien:

- Behandlungsqualität
- Behandlungssicherheit
- Zeitvorteile
- Nachvollziehbarkeit
- Wahlmöglichkeiten
- Finanzielle Anreize

Perspektive der Kostenträger:
Die festgestellte Versorgungsverbesserung führt zu besseren Langzeitergebnissen sowie einer höheren Kundenzufriedenheit.
Insgesamt ergeben sich Kooperationserfolge auf folgende Kriterien:

- Versorgungssituation
- Innovationsgrad
- Nachhaltigkeit
- Transparenz
- Leistungsfinanzierung

RÜSCHMANN, Hans-Heinrich; ROTH, Andrea; KRAUSS, Christian (2000): *Vernetzte Praxen auf dem Weg zu managed care? Aufbau - Ergebnisse - Zukunftsvision.* Berlin, Heidelberg, New York: Springer.	Erkenntnisziel: Sektorenübergreifende Einsparpotentiale durch mehrere modellhafte regionale Praxisnetze von niedergelassenen Ärzten. Methode: Querschnitt-, Längsschnittanalysen sowie regionale Vergleichsanalysen (mit und ohne Ärztenetz) von Patientenkarrieren anhand konkreter Leistungsdaten der schleswig-holsteinischen Vertragsärzte (ADT-Datensätze der KVSH) und der Krankenhäuser (Daten nach § 301 SGB V). Vergleich der Patientenkarrieren mit entsprechender Leistungsinanspruchnahme und Kostenbewertung. Stichprobe: mehrere Tausend indikationsbezogene Patientenkarrieren und Abrechnungsdaten der KV sowie KK (AOK)	Netzerfolg im Überblick: Stationär • Reduktion der Fallzahlen, Verweildauer und Kosten im Krankenhaus Ambulant • Leichte Erhöhung des Punktwertes • Erhöhte Steigerungsrate ambulanter Operationen • Steigerung der Zweitmeinungen von Allgemeinärzten • Moderate Verringerung der Arzt/ Patientenkontakte • Intensivere Patientenbehandlung durch aktive Netzärzte • Kaum Doppeluntersuchungen (anhand Indikatoren) nachweisbar • Deutlicher Anstieg geschriebener Patientenbriefe Arzneimittel • Verordnungsvolumen steigt moderater als im Landesdurchschnitt Patientenkarrieren • Intensivierung ambulanter Betreuung nach chirurgischen Operationen • Ambulante Betreuung vor und nach einer Operation unabhängig von stationärer oder ambulanter Durchführung, insgesamt auf konstant hohem Niveau • Dichte fachärztliche Betreuung von (identifizierten) Diabetikern, aber netzunabhängig Patientenmeinung • Insgesamt positive Arztbewertung • Qualität signifikant höher bewertet als ohne Ärztenetz • Höherer Grad an Einholung von Zweitmeinungen Arztbefragung • Trend zur Änderung von Diagnostik und Therapie aufgrund von kollegialen Empfehlungen

SEILER, Kai (2004): Interorganisationale Kooperations-netzwerke im Anwendungsfeld 'Sicherheit und Gesundheit bei der Arbeit' *Schriftenreihe der Bundesanstalt für Arbeitsschutz und Arbeitsmedizin.* Dortmund/ Berlin/ Dresden: Bundesanstalt für Arbeitsschutz und Arbeitsmedizin (BAuA).	Erkenntnisziel: Untersuchung interorganisationaler Kooperationsnetzwerke im Anwendungsfeld Sicherheit und Gesundheit bei der Arbeit bezüglich relevanter Einflussgrößen, Fragen der Effektivität und Steuerbarkeit. Studie 1: Qualitative Dokumentenanalyse von 17 Netzwerken aus dem Bereich Arbeitssicherheit Studie 2: Bundesweite Befragung von 90 staatlicher Aufsichtsbehörden hinsichtlich ihrer Beteiligung an Netzwerken im Bereich von Sicherheit und Gesundheit bei der Arbeit Studie 3: Fallstudie mit teilnehmenden Beobachtungen in dem regionalen Kooperationsnetzwerk „Gesünder Arbeiten mit System" Niederrhein Studie 4: Schriftliche Befragung von 59 Netzwerkbeteiligten zu bindungsbezogenen und motivationalen Aspekten der Kooperation des „KomNet-Expertenverbundes" NRW Studie 5: Expertenbefragung von 7 Netzwerkmanagern zur subjektiven Einschätzung von Erfolgs- bzw. Misserfolgsfaktoren	Seiler entwickelt ein Ordnungsschema in dem Effekte der Kooperationsnetzwerke auf drei Ebenen unterschieden werden. Die beispielhaft genannten Indikatoren sind nach seiner Ansicht für formative (begleitende) und summative (abschließende) Evaluationen von Kooperationsnetzwerken geeignet. **Netzwerkbezogen** • Strukturen (z. B. reibungsloser Informations- und Kommunikationsfluss, Einhaltung von Zeitplänen und Beachtung von vereinbarten Regelungen) • Organisationskultur (z. B. wenige Missverständnisse hinsichtlich Vorgehensweisen, geringe Wertekonflikte und persönliche Konflikte bei Interaktionsprozessen) • Output (z. B. Erreichung vieler „Kunden", hoher Mehrwert im Vergleich zu bestehenden Konzepten, Netzwerk ist bekannt, Netzwerk wird nachgefragt, Zeitgewinne durch den Info-Austausch sind eingetreten) **Akteursbezogen** • Engagement (z. B. Arbeitspakete werden zuverlässig erledigt, hohe Anzahl konstruktiver Wortbeiträge in Netzwerksitzungen, Akteure übernehmen freiwillig Aufgaben) • Commitment (z. B. Akteure sind stolz auf das Netzwerk, Identifikation mit dem Erreichten, geringe Fluktuation von Netzwerkpartnern) • Vertrauen (z. B. nur wenige schriftliche Vereinbarungen werden angestrebt, geringe gegenseitige Kontrolle, freizügige Weitergabe von Informationen) • Netzwerkkompetenz (z. B. ausgeprägte Kooperationsorientierung, konstruktive Lösung sachbezogener Konflikte, realistische Erwartungen an Netzwerkpartner) **Umweltbezogen** • Veränderung der Institution (z. B. Akzeptanz von Netzwerkbeschlüssen und Umsetzung in jeweiliger Institution, zusätzlicher nicht netzwerkbezogener Austausch zwischen Institutionen findet statt, neue Zusammenarbeit in anderen Kontexten wird angestrebt) • Arbeitsschutzqualität (z. B. Unternehmen (Kunde) erhalten schneller Informationen und Hilfe, stärkeres Kooperieren der beteiligten Institutionen bei anderen Problemstellungen, Integration neuer Konzepte in klassische Ansätze) Politik (geringe steuernde Einflussnahmen, Netzwerk wird weiter gefördert, Einbezug des Erarbeiteten in politische Entscheidungsprozesse)

4.3.2 Primäranalysen im Profit-Bereich (B1)

Tabelle 5: Studien zum Nutzen von interorganisationalen Netzwerken (B1)

Buch/ Quelle[2]	Inhalt/ Forschung	Ergebnisse in Bezug auf den Netzwerknutzen
AHLERT, Martin; BACKHAUS, Christof; RATH, Inga vom (2007): Network Profit Chain – Beziehungsqualität in kooperativen Unternehmens-netzwerken. (Studie). Münster.	Erkenntnisinteresse: Untersuchung des Zusammenhangs zwischen Beziehungsqualität und partnerseitige Konsequenzen in Unternehmensnetzwerken auf: • Partnerbindung • Kundenbezogener Erfolg • Markterfolg (F&C-Studie 14) Methode: Befragung von Dienstleistungsnetzwerken Stichprobe: 20 teilnehmende Netzwerke	Bestätigung des Zusammenhangs zwischen Beziehungsqualität und der partnerseitigen Konsequenzen, insbes. für den kundenbezogenen Erfolg (auch wenn dieser je Netzwerk variiert) Determinanten der Beziehungsqualität: • Nettonutzen • Expertise • Partizipation • Autonomie • Informationsaustausch • Werteähnlichkeit Zufriedenheit, Vertrauen und Commitment: Die drei Merkmale qualitativ hochwertiger Beziehungen Zufriedenheit ist ein wesentlicher Faktor, um den Zustand einer Beziehung zu kennzeichnen. Dennoch genügt die Betrachtung von Zufriedenheit alleine nicht, um Aussagen über den Zustand der Beziehungen zwischen Zentrale und Netzwerkpartnern treffen zu können. Neben der Beziehungszufriedenheit spielen weiterhin das Vertrauen in die Zentrale und das Commitment der Netzwerkpartner eine entscheidende Rolle. Nur wenn diese drei Faktoren gleichermaßen gegeben sind, kann von einer qualitativ hochwertigen Beziehung gesprochen werden.
DONEY, Patricia M.; CANNON, Joseph P. (1997): An examination of the nature of trust in buyer-seller relationships. *Journal*	Erkenntnisinteresse: Untersuchung von Käufer-Verkäufer-Beziehung hinsichtlich Prozessen, die das Vertrauen der Zusammenarbeit beeinflussen Methode: Fragebogenstudie Stichprobe: 250	Interpersonelles wird auf interorganisationales Vertrauen übertragen. Das Vertrauen in den Zulieferer bzw. den Manager des Unternehmens wirkt positiv auf die Langfristigkeit der Zusammenarbeit.

[2] Redaktioneller Hinweis: Die inhaltlichen Beschreibungen der Studien entsprechen stellenweise dem Originaltext der genannten Quelle. Auf textpassagengenaue Hervorhebungen und Seitenangaben wurde im Hinblick auf die überblicksartige Darstellungsweise und Leserfreundlichkeit bewusst verzichtet.

Buch/ Quelle[2]	Inhalt/ Forschung	Ergebnisse in Bezug auf den Netzwerknutzen
of Marketing, 61(2), S. 35-51. INTERNATIONALES CENTRUM FÜR FRANCHISING UND COOPERATION; PRICE-WATERHOUSE-COOPERS AG (2007): Network Governance – Modische Worthülse oder Instrument zur exzellenten Unternehmens-führung in kooperativen Unternehmens-netzwerken? (Studie), Münster.	Zulieferernetzwerke Erkenntnisinteresse: Untersuchung spezifischer Erfolgspotenziale von Franchisesystemen und Verbundgruppen (F&C-Studie 12) Methode: umfangreiche Literaturanalyse; qualitative empirische Erhebungen; Analyse von Geschäftsmodellen und Unternehmensnetzwerken Stichprobe: 20 ausgewählte Franchisesysteme und Verbundgruppen	**Erfolgspotenziale:** Netzwerkmanagement • schnelle Expansion • Geschäftsmodell • gute Einkaufskonditionen • Vertriebskonzepte • Flexibilität Humankapital • hohe Eigenmotivation der Franchisenehmer • Unternehmertum vor Ort • Weiterbildung Markenmanagement • Markenstärke • Positionierung der Marke • einheitlicher Markenauftritt • gemeinsames Marketing • Eigenmarken Wissensmanagement • Erfahrungsaustausch • Transparenz hinsichtlich Zahlen/ Betriebsvergleiche • IT-Vernetzung Unternehmenskultur • klare Rollenverteilung • Ehrlichkeit • Selbstständigkeit in der Gruppe • Zusammengehörigkeitsgefühl • Mitarbeiterorientierung/-führung • gemeinsame Erarbeitung eines Leitbilds qualitative Bewertungskriterien von Unternehmensnetzwerken: • Strategie (Konzept) • Leitbild • Geschäftsmodell • Marke • Marktorientierung • Wettbewerbsfähigkeit + • Transparenz • Vertriebsnetz • Produktportfolio Management (Führung & Steuerung) • Management/ Führungsqualität • Entscheidungsstrukturen • Besetzung Beirat/ Aufsichtsrat • Controlling • Homogenitätsgrad Beziehung Zentrale Partner • Zufriedenheit der Partner • Kommunikationssystem • Mitgliedercommitment • Vertragsgestaltung • Kooperationsbereitschaft Management der Partnerbetriebe • Inanspruchnahme von Leistungen • Zufriedenheit der Kunden • Profil/ Qualität der Kunden • Qualifikationen der Partner

Buch/ Quelle[2]	Inhalt/ Forschung	Ergebnisse in Bezug auf den Netzwerknutzen
POWELL, W; KOPUT, K W; SMITH-DOERR, L (1996): Interorganizational Collaboration and the Locus of Innovation: Networks of Learning in Biotechnology. *Administrative Science Quarterly* 41(1), S. 116-145.	Erkenntnisinteresse: Untersuchung der Innovation interorganisationaler Netzwerke im Bereich Biotechnologie. Methode: Interviews. Stichprobe: 225 KMU Netzwerke	Netzwerke sind attraktiv für die Akteure (Biotech-Unternehmen) und steigern deren Explorationspotenzial. Netzwerkaktivitäten führen zu mehr Erfolg durch einen Zugewinn an Innovativität, Reputation und Marktanteilen

4.3.3 Sekundäranalysen im Profit-Bereich (B2)

Tabelle 6: Studien zum Nutzen von interorganisationalen Netzwerken (B2)

Buch/ Quelle[3]	Inhalt/ Forschung	Ergebnisse in Bezug auf den Netzwerknutzen
BOGENSTAHL, Christoph (2011): *Management von Netzwerken. Eine Analyse der Gestaltung interorganisationaler Leistungsaustausch-beziehungen.* Wiesbaden: Gabler, Springer.	Erkenntnisinteresse: Untersuchung der Chancen interorganisatonaler Netzwerke. Methode: Metaanalyse. Stichprobe: 43 internationale Interorganisations-Studien	Exploitationsnetzwerke: • Nutzung von Synergien • Nutzung von Verbundeffekten • Zugang zu Ressourcen und Reputation für kleine und mittelständische Unternehmen • Nutzung von Skaleneffekten Explorationsnetzwerke: • Möglichkeit zum interorganisationalen Lernen • Risikostreuung auf mehrere Partner • Verkürzung der Entwicklungszyklen von Neuprodukten und -technologien • Zugang zu nichtredundanten Informationen • Steigerung der Flexibilität

---

[3] Redaktioneller Hinweis: Die inhaltlichen Beschreibungen der Studien entsprechen stellenweise dem Originaltext der genannten Quelle. Auf textpassagengenaue Hervorhebungen und Seitenangaben wurde im Hinblick auf die überblicksartige Darstellungsweise und Leserfreundlichkeit bewusst verzichtet.

Buch/ Quelle[3]	Inhalt/ Forschung	Ergebnisse in Bezug auf den Netzwerknutzen

KONTOS, Georgios (2004): *Bewertung des Erfolgs von Unternehmens-netzwerken in der F&E.* (Dissertation), Rheinisch-Westfälische Technische Hochschule Aachen.	<u>Erkenntnisinteresse:</u> Entwicklung eines Vorgehensmodell zur Bewertung des Erfolgs von Unternehmensnetzwerken in der Forschung und Entwicklung <u>Methode:</u> Analytisch-deduktive Auswertung umfangreicher Beiträge aus der Kooperationsforschung, die vorwiegend empirisch-induktiv bei der Ermittlung des Erfolgs von Unternehmensnetzwerken vorgingen <u>Stichprobe:</u> Zahlreiche Beiträge insbes. der Kooperationsforschung	• Kombination von Kernkompetenzen
		• Möglichkeit des raschen Kompetenzaufbaus für Großunternehmen
		
		Bündelung der empirischen Ergebnisse aus der Kooperationsforschung zu Zielen von Unternehmensnetzwerken in der Forschung und Entwicklung:
		<u>Kostenvorteile</u>
		Kostensenkungseffekte gehören zu den am häufigsten genannten Motiven in der Literatur zur Kooperationsforschung. Gründe für die vorteilhaften Effekte der kooperativen Zusammenarbeit auf die Kosten der Netzwerkpartner resultieren v. a. aus Erfahrungs- und Lerneffekten sowie einer Fixkostendegression durch Vermeidung von Doppelaktivitäten und Arbeitsteilungen im Netzwerk.
		  • Produktionskosten (Personalkosten, Materialkosten, Zinsen und Abschreibungen, Reparatur- und Instandhaltungskosten, Energiekosten und sonstige Kosten)
		  • Transaktionskosten (Anbahnungskosten, Vereinbarungskosten, Abwicklungskosten, Kontrollkosten, Anpassungskosten)
		
		<u>Zeitvorteile</u>
		Der Wettbewerbsfaktor Zeit hat in den vergangenen Jahren im Vergleich zu den anderen beiden Zielgrößen des magischen Dreiecks (Kosten und Qualität) an Bedeutung gewonnen. Dies äußert sich auch darin, dass in den Literatur zur Kooperationsforschung immer wieder Zeitaspekte aufgegriffen und behandelt werden. Begründet werden Zeitvorteile vorwiegend mit a) Spezialisierungseffekten der Netzwerkpartner durch die Konzentration auf Kernkompetenzen und b) Parallelisierungseffekte durch die gleichzeitige Bearbeitung mehrerer Aufgabenfelder im Netzwerk und die schnellere Zielerreichung.
		  • Reduktion der Entwicklungszeit
		  • Reduktion der Durchlaufzeit
		  • Reduktion der Reaktionszeit auf Marktveränderungen
		
		<u>Risikovorteile</u>
		Unternehmensnetzwerke werden häufig als Instrument zur Verringerung des Risikos angesehen, das das Gesamtrisiko "auf mehrere Schultern" verteilt wird. Begründet werden die Risikovorteile u. a. durch die Gewinnung zusätzlicher Kenntnisse, die Bündelung von Ressourcen und eine höhere Problemlösungskapazität.
		  • Technologischer Aspekt
		  • Wirtschaftlicher Aspekt
		  • Zeitlicher Aspekt
		  • Aufwandsbezogener Aspekt

Buch/ Quelle[3]	Inhalt/ Forschung	Ergebnisse in Bezug auf den Netzwerknutzen
		Marktvorteile Das Erzielen von Marktvorteilen durch kooperative Zusammenschlüsse wird oft aus industrieökonomischer Perspektive hervorgehoben. Dabei wird meist eine wettbewerbsorientierte Sichtweise eingenommen, die auf die positiven Effekte von Unternehmensnetzwerken im Vergleich zu (netzwerkexternen) Wettbewerbern abhebt. Gründe für das Erzielen von Marktvorteilen sind u. a. zusätzliches technologisches Know-how, Nutzung zusätzlicher Infrastruktur, Vertriebs- und Absatzkanäle der Netzwerkpartner. • Überwindung von Markteintrittsbarrieren • Errichtung von Markteintrittsbarrieren • Erhöhung der Nachfrage durch Qualitäts- und Imageeffekte **Know-how-Vorteile** Zentrales Ziel von Aktivitäten ist oft die Entwicklung von neuem Know-how, das dann in neue Produkte oder Prozesse eingebracht werden kann. Know-how-Vorteile werden bei der Motivanalyse im Rahmen der Kooperationsforschung sehr häufig als zentraler Vorteil genannt. Sie lassen sich auf wissensbezogene Verbundwirkungen zurückführen und können sich auf zwei Ebenen ergeben: • Technologische Ebene: Realisierung von Systemtechnologien • Mitarbeiterebene: Austausch von Wissen oder gemeinsames Lernen im Team **Ressourcenvorteile** Aus der Perspektive ressourcenorientierter Erklärungsansätze wird das Motiv des Erzielens von Ressourcenvorteilen durch Unternehmensnetzwerke hervorgehoben. Ausgangspunkt bildet dabei die Feststellung, dass in vielen Fällen die Ressourcen eines Unternehmens allein nicht ausreichen, um auf die steigende Differenziertheit der Nachfrage zu reagieren. Das Zusammenlegen der Ressourcen bzw. die Kombination von Kernkompetenzen in Unternehmensnetzwerken wird als Lösung für die Überwindung der angesprochenen Ressourcendefizite empfohlen. Ressourcenvorteile bei Unternehmensnetzwerken lassen sich auf unterschiedliche Ursachen zurückführen: • Ressourcenkumulation (kapazitätsbezogen): Ressourcen die im eigenen Unternehmen vorhanden sind, werden mit Ressourcen der Netzwerkpartner zusammengelegt • Ressourcenerweiterung (kompetenzbezogen): Ergänzung der eigenen Ressourcen durch weitere Ressourcen der Netzwerkpartner Folgende Ressourcen lassen sich unterscheiden: • Personal • Finanzielle Ressourcen

Buch/ Quelle[3]	Inhalt/ Forschung	Ergebnisse in Bezug auf den Netzwerknutzen
METZGER, Frederik (2013): *Innovation und Koordination interorganisationaler Netzwerke.* (Dissertation), Universität Mannheim, Mannheim.	**Erkenntnisinteresse:** Untersuchung von Unternehmensnetzwerken hinsichtlich einer hohen Innovativität in Kombination mit Koordinationsinstrumenten. **Methode:** Theoretische Auseinandersetzung mit Erkenntnissen aus dem Forschungsstand im untersuchten Feld. **Stichprobe:** Neben klassischer Organisationsliteratur wird auf zahlreiche neuere Organisationsliteratur zurückgegriffen.	• Sachmittel • Know-how Zusammenhang zwischen Koordinationsinstrumenten (Selbstbestimmung, Zentralisierung und Standardisierung als Prozesse zur Abstimmung der einzelnen Beiträge der Mitgliedsorganisationen auf die im Netzwerk formulierten Ziele) und hoher Innovativität im Netzwerk. Innovativität des Netzwerks durch Selbstbestimmung: • Wiederholte, informelle Interaktion erhöht Vertrauen zwischen Netzwerkpartnern, sodass Informationen über Unternehmensgrenzen hinweg ausgetauscht werden. • Nicht zielgerichtete Prozesse bei der Gründung von Forschungskooperationen sind mit Verwertungsverhalten auf Ebene der Mitglieder verbunden. • Ermöglichung der Übertragung von explizitem aber besonders schwer kodifizierbarem – implizitem – Wissen zwischen Kooperationspartnern. Innovativität des Netzwerks durch Zentralisierung: • Orchestrierung der Kompetenzen einzelner Netzwerkpartner, insbes. Ermöglichung und Aufrechterhaltung von (1) Wissensaustausch, (2) Innovations-Verwertung und (3) Netzwerkstabilität. • Kontrolle des Innovationsprozesses durch Weisungsbefugnis fokaler Organisation(en); vertikale Kommunikation beschränkt jedoch Verbreitung von Wissen. • Aufbau eines langfristigen Netzwerks mit Innovationsoutput durch partnerschaftliches Handeln eines fokalen Unternehmens. • Netzwerke mit zentraler Einheit, die Verbindungen zwischen den Netzwerkpartner schafft (Integration) sowie Monitoring, Ergebnis- und Prozess-Kontrolle ausübt, sind effizienter als solche, in denen sowohl Netzwerkintegration durch zentrale Einheit als auch durch die Mitglieder besteht. • Aufbau von relationalen Fähigkeiten durch fokales Unternehmen, um ein Innovationsnetzwerk zu steuern. • Schaffung informeller Austauschmöglichkeiten der Netzwerkpartner durch regelmäßige, formale Treffen. Innovativität des Netzwerks durch Standardisierung: • Kodifizierung von Wissen ermöglicht Wissensaustausch, insbes. in großen Gruppen. • Gerichtete Prozesse bei der Gründung von Forschungskooperationen sind mit Inwertsetzungsverhalten verbunden.

Buch/ Quelle³	Inhalt/ Forschung	Ergebnisse in Bezug auf den Netzwerknutzen
RIGGERS, Bernd (1998): *Value System Design – Unternehmens-steigerung durch strategische Unternehmens-netzwerke.* (Dissertation), Universität St. Gallen, Bamberg.	Sekundäranalyse zahlreicher Studien über strategische Unternehmensnetzwerke Gliederungsvorschlag von Netzwerkpotentialen bzw. potentielle Chancen durch Kooperationen in Unternehmensnetzwerken	• Programmierte Ereignisse zwischen Organisationen strategischer Allianzen sind mit Lerneffekten verbunden. Zeitvorteile Zeitvorteile in der Auftragsabwicklung, im Innovationsprozess, in der Anpassung an Markt- und Umweltveränderungen sowie im Aufbau erforderlicher Kompetenzen generieren Wettbewerbsvorteile. Kostenvorteile Die ständige Suche nach Möglichkeiten zur Reduzierung von Kosten, um auf dem Weltmarkt konkurrenzfähig zu sein, ist von existentieller Natur. Kompetenzvorteile/ Know-how-Vorteile Durch Kooperationen können Unternehmen Zugang zu neuen Kompetenzen erlangen bzw. gemeinsam neue Kompetenzen aufbauen, indem sie Ressourcen und Fähigkeiten bündeln und das strategische Erfolgspotential eines Unternehmens verstärken. Informationsvorteile Kooperationen können als Informationsquellen für Technologie- oder Marktinformationen dienen und somit die Planungsgrundlage von Unternehmen verbessern. Marktzugangsvorteile Durch Kooperationen können Markteintrittsbarrieren reduziert, Handelsrestriktionen umgangen und vorhandene Vertriebsstrukturen von mehreren Unternehmen gemeinsam genutzt werden. Neue und lukrative Beschaffungs- und Absatzmärkte können mit gebündelten Ressourcen erreicht werden. Flexibilitätsvorteile Unternehmensnetzwerke bieten die Möglichkeit, Flexibilität und Handlungsspielräume gegenüber der dynamischen Umwelt zu steigern, um Risiken und Chancen wahrzunehmen. Kapazitätsvorteile Kurzfristige Steigerung des kapazitiven Leistungsvermögens eines Unternehmens durch die Möglichkeit, innerhalb des Unternehmensnetzwerks freie Ressourcen und Kapazitäten von Netzwerkpartnern im Bedarfsfall nutzen zu können.
SYDOW, Jörg (2005): *Strategische Netzwerke. Evolution und Organisation* (1. Aufl., 6. Nachdr.). Wiesbaden: Gabler.	Erkenntnisinteresse: Untersuchung der Evolution strategischer Netzwerke aus transaktionskosten-theoretischer Sicht Methode: Sekundäranalyse transaktionskosten-theoretischer	Transaktionskostenvorteile gegenüber dem Markt, wegen... • geringerer Kosten bei der Suche nach Abnehmern und Lieferanten • Einsparung von Kosten der Vertragsanbahnung, -aushandlung und -kontrolle • besseren Informationsflusses infolge engerer Kopplung • Transfer auch nicht kodifizierbaren Wissens • Übertragung auch wettbewerbsrelevanter Informationen bei besserer Kontrolle über Wissensanwendung

Buch/ Quelle[3]	Inhalt/ Forschung	Ergebnisse in Bezug auf den Netzwerknutzen
	Analysen strategischer Netzwerke. <u>Stichprobe:</u> Zahlreiche Studien und wissenschaftliche Arbeiten aus dem internationalen Raum	• mögliche Verzichts auf (doppelte) Qualitätskontrolle • rascherer Durchsetzung von Innovationen Transaktionskostenvorteile gegenüber der Hierarchie wegen... • Kombination hierarchischer Koordinationsinstrumente mit dem Markttest • reduzierten opportunistischen Verhaltens • gezielter funktionsspezifischer Zusammenarbeit • größerer Reversibilität der Kooperationsentscheidung • größerer Umweltsensibilität des dezentral organisierten Gesamtsystems leichterer Überwindbarkeit organisatorischen Konservatismus bei Anpassung an verändertes Umweltverhalten
THIEMANN, Jörg (2004): *Die Bewertung von Unternehmens-netzwerken auf Basis vertraglicher Kooperation.* Berlin: Rhombos-Verlag.	<u>Erkenntnisinteresse:</u> Theoriegeleitete Untersuchung von Unternehmensnetzwerken und Methoden zur Bewertung des ökonomischen Erfolgs. <u>Methode:</u> Sekundäranalyse empirischer Studien und wissenschaftlicher Arbeiten zur Realisierung von Synergieeffekten. Induktive Entwicklung einer Kategorisierung von Synergieeffekten und einer Methodik zur Gesamtbewertung von Unternehmensnetzwerken. <u>Stichprobe:</u> Zahlreiche Studien und wirtschaftswissenschaftliche Fachliteratur	Synergiearten/kategorisierung und Erfassung von Synergiebestandteilen: <u>Größendegressionseffekte (Economies of scale):</u> Werden häufig bei Unternehmenszusammenschlüssen erzielt und bilden aufgrund ihrer Priorität unter den Synergiequellen sogar i. d. R. das Hauptmotiv von Zusammenschlüssen. • Synergiebezogene Effekte im Vorfeld des Produktionsprozesses, z. B. Kosteneinsparungen im Einkauf durch Effizienzsteigerungen (Input-Synergien) • Operative Effekte in der Produktion, z. B. Stückkostenreduktion (Prozess-Synergien) • Synergiebezogene Effekte bei der Marktbearbeitung/ -abdeckung, z. B. durch effizientere Werbebudgetierung (Output-Synergien) <u>Reichweiteneffekte (Economies of scope):</u> Verbund- und Synergieeffekte liegen dann vor, wenn die Produktion von zwei Gütermengen innerhalb eines Unternehmens/ Geschäftsbereiches kostengünstiger ist als die Produktion der gleichen Gütermenge in zwei getrennten Unternehmen/ Geschäftsbereichen. • Know-how Transfer im Vorfeld des Produktionsprozesses (Input-Synergien) • Operativer und technologischer Know-how Transfer (Prozess-Synergien) • Know-how Transfer in der Marktbearbeitung/ -abdeckung (Output-Synergien) <u>Marktposition/ Markterfolg</u> Dieser Synergiebereich als Quelle von Synergien wird in erster Linie durch eine Verbesserung der Marktstellung geschaffen (Bildung einer größeren Allianz führt zu einem höheren Bekanntheitsgrad und der positiven Auswirkung auf die Stellung im regionalen Markt). • Synergiebezogene Verbesserung der wettbewerbsorientierten Ausgangssituation

Buch/ Quelle[3]	Inhalt/ Forschung	Ergebnisse in Bezug auf den Netzwerknutzen
		am Markt (Input-Synergien)
		• Synergiebezogene Markteintrittsbarrieren durch operative Vorteile, z. B. durch eine höhere Produktionsmenge, Zeitvorteile, Kauf von Ressourcen (Prozess-Synergien)
		• Marktmacht oder Erreichung einer kritischen Masse, z. B. durch die effektivere Nutzung der Marktposition (Output-Synergien)
		Optimierung des Integrationsgrades
		Je integrierter einzelne Unternehmen(-sbereiche) im Netzwerk zusammenwirken desto effektiver ist der Wertschöpfungsprozess. Eine hohe Integration steht für die Minimierung des Transaktionskostensatzes (Reduzierung von Anbahnungs-, Vereinbarungs-, Kontroll- und Anpassungskosten).
		• Verbesserte synergie- und inputbezogene Kontrolle durch Integration, z. B. durch effizienzorientierte Einbeziehung der Zulieferer (Input-Synergien)
		• Synergiebezogene vertikale Kostenvorteile, z. B. durch Integration von vor- und nachgelagerten Produktionsvorgängen (Prozess-Synergien)
		Synergiebezogene Verbesserung der output-bezogenen Marktkontrolle durch Integration, z. B. durch Verbesserung der vertikalen Distribution (Output-Synergien)
		Gründe für Unternehmenskooperationen (Anzahl der Nennungen abwärts):
		• Zugang zu neuen und größeren Märkten
		• Breitere Beschaffungsmöglichkeiten für Produkte
		• Zugang zu Know-how und Technologien
		• Zusätzliche Produktionskapazität
		• Geringere Kosten
		• Zugang zu Arbeitskräften
		• Zugang zu Kapital
		Induktive Theorieentwicklung zu Transmissionskanälen zwischen unternehmerischen Kooperationsentscheidungen (Mechanismen zur Erhöhung der einzelwirtschaftlichen Wettbewerbsfähigkeit des Unternehmens):
		• Größe erreichen (Economies of scale)
		• Vielfalt ermöglichen (Economies of scope)
		• Voneinander lernen (Economies of Skills)
		• Risiko senken (Economies of risks)
		• Geschwindigkeit erhöhen (Economies of speed)
THEURL, Theresia (2010): Die Kooperation von Unternehmen: Facetten der Dynamik. In AHLERT, Dieter; AHLERT, Martin (Hrsg.), Handbuch Franchising und Cooperation - Das Management kooperativer Unternehmens- netzwerke (S. 313-343). Frankfurt a. M: Dt. Fachverlag.	Erkenntnisinteresse: Untersuchung der Dynamik von Zusammenschlüssen und Kooperationen von Unternehmen. Eine entscheidende Fragestellung ist die Begründung für das Eingehen einer Kooperation. Methode: Umfangreiche Metaanalyse im europäischen Raum Stichprobe: Eine Vielzahl wirtschaftswissenschaftlicher Studien, die v. a. Befragungen von KMU in Europa fokussieren (u. a. European Network for SME Research ENSR 2003)	

5 Ableitung eines Schemas zur Nutzenkategorisierung

Um das breite Spektrum an positiven Wirkungen, Vorteilen und erreichten Zielen in Netzwerken aus der Sekundäranalyse in *Kap. 4* weiter zu systematisieren, soll in einem zweiten Schritt aus den Ergebnissen ein Kategorienschema für Nutzen-kriterien entwickelt werden. Inhaltlich gleiche oder ähnliche Nennungen werden ge-sammelt und die teilweise vorhandenen Systematisierungsansätze der Forschungs-arbeiten verglichen, um eine gemeinsame Struktur abzuleiten. Die Kategorien stehen für eine Vielzahl von charakteristisch sich deckenden oder artgemäßen Nutzen-kriterien, die aus der interorganisationalen Vernetzung resultieren.

5.1 Zahlreiche empirische Belege

Zunächst ist festzuhalten, dass, unabhängig der empirischen Bewertung, zahlreiche Forschungsarbeiten zu finden sind, die sich mit Nutzengesichtspunkten auseinandersetzen. Das gilt allerdings in erster Linie für den Profitbereich, um diesen Aspekt vorwegzunehmen. Auffällig ist die noch unzureichende Anzahl empirischer Belege für Netzwerke im Gesundheitswesen. Hier scheint der Bedarf, Forschungsbemühungen aufzubringen, am größten. Dafür spricht nicht nur das Fehlen von zitierbaren Sekundäranalysen, sondern auch die offenkundig geringe Anzahl wirkungsbezogener Primärforschungen für gesundheitsbezogene Netzwerke, was die Literaturrecherche bekräftigte.

Betont werden muss, dass die in *Kap. 4.3* zusammengefassten Erkenntnisse nur einen Ausschnitt von Studien der Netzwerkforschung repräsentieren, die Aussagen zu positiven Wirkungen treffen. So sind bewusst mehrere sekundäranalytische Studien (B2) mit aufgelistet, um eine umfangreiche empirische Basis von erforschten Netzwerknutzen sichtbar zu machen. Bogenstahl & Imhof greifen z. B. in ihrer narrative Metaanalyse auf 43 Netzwerkstudien aus unterschiedlichen internationalen Branchen (darunter 5 aus dem Gesundheitswesen) nach Studiencharakteristika, Netzwerkmanagement sowie Faktoren des Netzwerkerfolgs zurück (*s. Abb. 9*).

Abbildung 9: Kurzübersicht einer Metaanalyse

Tabelle 1: Kurzübersicht über die ausgewählten Studien.

(Unternehmensgröße: Ö = Öffentlicher Sektor; S = Startups; KMU = Kleine und mittelständische Unternehmen; G = Großunternehmen; div. = verschiedene; Netzwerktyp: ON = Operatives Netzwerk; SN = Strategisches Netzwerk; Betrachtungsebene: DY = Dyade; GL = Global; Befragungsmethode: F = Fragebogen; I = Interview ; CS = Case Study; Ko = Kombinationen; Anzahl der Informanten: S = Single; M = Multi; Studiendesign: Q = Querschnittsbetrachtung; L = Längsschnittbetrachtung; Netzwerkmanagement: "x" = Faktor wurde untersucht und hat einen Einfluss auf den Erfolg; "(x)" = Faktor wurde untersucht und hat keinen Einfluss auf den Erfolg; Netzwerkerfolg: "+" = positiver Einfluss auf den Erfolg; "0" = kein Einfluss auf den Erfolg; "-" = negativer Einfluss auf den Erfolg.

#	Studie	Industrie	Land	Unt.größe	Netzwerktyp	Betrachtungs-ebene	Stichproben-umfang (n)	Befragungs-methode	Informant	Studiendesign	Auswahl der Partner	Koordination und Kommunikation	Evaluation und Kontrolle	Aufbau von Vertrauen	Global	Innovations-potenzial	Kostensenkung / Zeitvorteil	Marktper-spektive	Netzwerksta-bilität/-größe
1	Agranoff (2006)	Öffentlicher Sektor	USA	Ö	ON	GL	14	CS	M	L		x		x		+		+	
2	Bazzoli et al. (1998)	Gesund-heitswesen	USA	Ö	ON	GL	6	CS	M	Q		x		x	+				
3	Bensaou (1997)	Automobil-industrie	USA	div.	SN	GL	137	I	S	Q				x				+	
	Bensaou (1997)	Automobil-industrie	Japan	div.	SN	GL	301	I	S	Q				x				+	
4	Brunetto et al. (2007)	Industrie-übergreifend	Austra-lien	KMU	ON	GL	158	Ko	S	Q				x		+		+	
5	Bucklin et al. (1993)	Computer-industrie	USA	div.	ON	DY	98	F	S	Q	x	x		x				+	
6	Carr et al. (1999)	Industrie-übergreifend	USA	div.	SN	DY	571	F	S	Q	x	x	x		+		+	+	+
7	Cousins et al. (2006)	Industrie-übergreifend	Großbri-tannien	G	SN	DY	142	F	S	Q	x	x	x		+		+		

Quelle: Ausschnitt im Original (Bogenstahl & Imhof 2009, S. 8-12)

Die exemplarische Übersicht mehrerer Studien vermittelt den Eindruck, dass zumindest branchenübergreifend eine erhebliche Anzahl an Forschungsergebnissen zum Netzwerkerfolg bzw. -nutzen vorliegt. Als Netzwerkerfolg nennen Bogenstahl & Imhof bspw. Innovationspotenziale, Kostensenkung, Zeit- und Marktvorteile.

In ihrer Gesamtheit geben die zahlreichen Forschungsarbeiten jedoch einen grundsätzlichen Hinweis auf die empirische Bestätigung[1] des Nutzens von interorganisationalen Netzwerken. Kooperationen und strategische Netzwerke in den verschiedensten Industriezweigen haben „seit den 80er-Jahren des vergangenen Jahrhunderts ebenso stark zugenommen wie der Wertschöpfungsanteil, der in Unternehmensnetzwerken entsteht" (Theurl 2010, S. 315). Viel entscheidender ist dabei die genauere Analyse der Nutzenaspekte, d. h. welche positiven Effekte in den Forschungsarbeiten evaluiert und den Netzwerken zugeschrieben werden konnten.

---

[1] Der empirische Gehalt jeder einzelnen Forschungsarbeit ist selbstverständlich unterschiedlich zu bewerten, zumal das Dilemma der Verifizierbarkeit/ Falsifikation (problematischer Nachweis kausaler Wirkungen) kritisch anzuführen ist (vgl. dazu Schnell et al. 2013, S. 52ff.). Inwieweit eine Evidenz unter wissenschaftlichen Gesichtspunkten überhaupt gegeben ist, bleibt fraglich. Die große Ergebnisvielfalt und die zum Teil aufwendigen Studien geben zumindest deutliche Hinweise auf die vorläufige Bestätigung eines Netzwerknutzens.

5.2 Systematisierungsansätze in der Netzwerkforschung

Die Übersicht in *Kap. 4.3* bündelt die einzelnen Nutzenkriterien, die in den jeweiligen Studien als Ergebnisse benannt werden. Bei Betrachtung der genannten positiven Wirkungen fällt auf, dass die Überschneidung ähnlicher Aspekte so groß ist wie die Palette an verschiedenen Nutzenkriterien. Einzelne Wirkungen unterscheiden sich sichtbar in ihrem Detailgrad und Abstraktionsniveau. Um die Nutzenaspekte zu konzentrieren und einzuordnen verwenden die Autoren verschiedene Ordnungs-schemata. Dadurch können über mehrere Studien hinaus verallgemeinerbare Aussagen getroffen werden, die eine partielle Vergleichbarkeit zulassen.

Als eine in der Netzwerkforschung verbreitete „Klammer" für die Bemühungen strategischer Kooperationen und Netzwerke beschreibt Theurl die folgenden Kooperationsmechanismen von Unternehmen (s. *Abb. 13*). Dabei werden verschiedene ökonomische Mechanismen bzw. Unternehmensziele beschrieben, die mehrere Kooperations- bzw. Integrationseffekte der Vernetzung subsummieren (vgl. Theurl 2010, S. 317f.).

Abbildung 10: Kooperationsmechanismen als Netzwerkerfolg

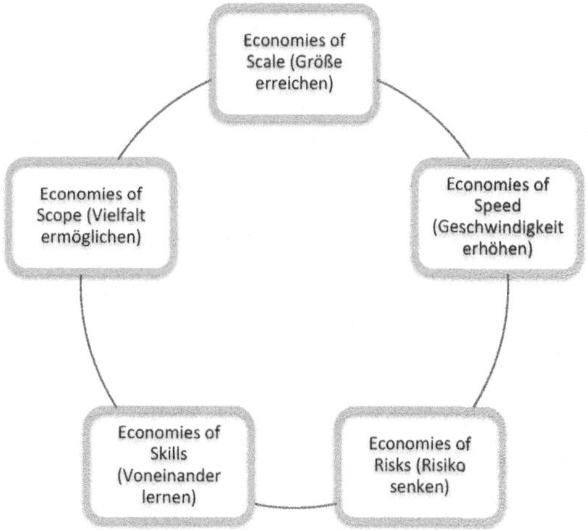

Quelle: Geänderte Darstellung (vgl. Theurl 2010, S. 317)

Die abgebildeten Mechanismen konkretisieren auf verschiedenen Ebenen das ausschließlich unternehmensspezifische Motiv der Kooperationsstrategie, „die einzelwirtschaftliche Wettbewerbsfähigkeit der Unternehmen zu erhöhen" (Theurl 2010, S. 317). Eine ähnliche Einordnung von positiven Netzwerkeffekten nimmt Thiemann vor. Er unterscheidet zwischen Synergien[2] durch Größendegressions-effekte (Economies of scale: z. B. Stückkostenreduktion), Reichweiteneffekte (Economies of scope: z. B. Marktausweitung durch Know-how-Transfer), Markt-positionierung (z. B. verminderte Markteintrittsbarrieren) sowie Optimierung des Integrationsgrades (z. B. effizientere Einbeziehung der Zulieferer) (vgl. Thiemann 2004, S. 78-85).

Vergleichbar mit der an wirtschaftlichen Erfolgszielen orientierten Systemat-isierung wird der Nutzen in der Kooperationsforschung in einigen Fällen nach möglichen Vorteilen kategorisiert. Angelehnt an häufige Motive Unternehmens-netzwerke einzugehen, gliedert bspw. Kontos vorteilhafte Effekte der Vernetzung nach

- Kostenvorteilen,

- Zeitvorteilen,

- Risikovorteilen,

- Marktvorteilen,

- Know-how-Vorteilen und

- Ressourcenvorteilen (vgl. Kontos 2004, S. 77ff.; ähnliche Kategorien vgl. auch Riggers 1998).

Beide in der Netzwerkforschung verbreiteten Ansätze fokussieren ausschließlich Effekte, die betriebswirtschaftliche Auswirkungen auf das einzelne Unternehmen haben. Über die organisationsspezifische Dimension bzw. den Nutzen für die eigene Organisation hinaus werden in gesundheitsbezogenen Netzwerken zusätzlich positive Effekte auf die Gesellschaft beschrieben. Diese Besonderheit ergibt sich v. a. durch die Legitimationsgrundlage einer Gemeinwohlorientierung im Non-Profit-

---

[2] Einige Vertreter der strategischen Managementlehre verwenden den Begriff „Synergie" als ein spezifischer Effekt, der aus Kooperation und Vernetzung resultiert. „Der Synergiebegriff ist insbes. durch die Arbeiten von Ansoff (1965) in den wirtschaftswissenschaftlichen Sprachgebrauch eingebracht worden (...) und beschreibt den Tatbestand, dass durch eine bestimmte Zusammenfassung von Einzelaktivitäten eine Gesamtwirkung erzielt wird, die größer ist als die Summe der Einzelwirkungen" (Welge & Al-Laham 2012, S. 320).

Sektor. Im Mittelpunkt des unternehmerischen Handelns steht so die gesellschaftliche Funktion, zum Gemeinwohl beizutragen.[3]

Seiler entwickelte dementsprechend ein Ordnungsschema im Bereich Arbeitsschutz und Arbeitsmedizin unter der Fragestellung der Steuerbarkeit und Einflussgrößen von interorganisationalen Kooperationsnetzwerken. Hierin unterscheidet er die Effekte auf den drei Ebenen:

- netzwerkbezogen,
- akteursbezogen und
- umweltbezogen (vgl. Seiler 2004, S. S. 90f.).

Auch wenn nicht weiter ausdifferenziert, bezieht sich die umweltbezogene Kategorie auf den Nutzen für das Versorgungssystem. Löcherbach et al. entwickeln zwar kein spezifisches Schema, unterscheiden aber die evaluierten Vorteile eines Fallmanagements in der Eingliederungshilfe jeweils für

- Adressaten,
- Leistungserbringer/ Dienstleister und
- Kostenträger (vgl. Löcherbach et al. 2013, S. 74-143).[4]

Über die Netzwerkakteure (Leistungserbringer, Kostenträger) hinaus ergeben sich auch positive Auswirkungen auf die „Adressaten". Ähnlich gehen Dieffenbach et al. vor und gliedern den Nutzen praxisorientierter regionaler Versorgungsketten in

- an der Beratung, Behandlung, Pflege und Rehabilitation der Patienten unmittelbar beteiligte Akteure (Gruppe A),
- als Finanzierungsträger mittelbar an der Versorgung der Patienten beteiligte Akteure (Gruppe B) ,
- staatliche Fach- und Kommunalverwaltung, Verbände und Interessenvereinigungen als flankierend beteiligte Akteure (Gruppe C) und
- Patienten (vgl. Dieffenbach et al. 2002, S. 37f.).

---

[3] Auch wenn die aktuelle Managementlehre davon ausgeht, dass auch privatwirtschaftliche Unternehmen Verantwortung für die Weiterentwicklung des Gemeinwesens übernehmen, ist der gesellschaftliche Nutzen im öffentlichen Sektor vordergründig. Neuere Managementkonzepte u. a. zur Nachhaltigkeit und sozialen Verantwortung (Corporate Social Responsibility) von Unternehmen verwenden hierzu den Begriff „Public Value" (vgl. Meynhardt 2008, S. 457-468; Moore 1995, S. 64f.).

[4] Die Autoren beschäftigen sich in einer umfangreichen Wirkungsanalyse (44 Stadt- und Landkreise) mit der Implementierung eines Fallmanagements und den Vorteilen der organisationsübergreifenden Steuerung. Auch wenn die Studie nicht in die Zusammenstellung (*Kap. 4.3*) aufgenommen wurde (das Steuerungsverfahren ist eher institutionalisiert als interorganisational strukturiert), sind Teilaspekte vergleichbar und insbes. die betrachteten Wirkungsebenen in diesem Kontext hilfreich.

Die im Non-Profit-Bereich angesiedelten Ordnungsschemata kategorisieren alle zunächst organisationsspezifische Effekte, die mit den Wirkungen in profitorientierten Unternehmensnetzwerken vergleichbar sind. Darüber hinaus werden allerdings Nutzenaspekte genannt, die sich auf das Sozial- und Gesundheitswesen beziehen. Dieffenbach et al. evaluieren die Effekte auf die Patienten gesondert, Löcherbach et al. führen dafür die „Adressaten"-Ebene ein. Beide Varianten bilden die Effekte der jeweiligen Vernetzung auf den Leistungsempfänger ab. Unzureichend oder zumindest nicht klar kategorisiert (ansatzweise durch Seiler) sind dabei positive Veränderungen der Strukturen und Prozesse und damit der Nutzen auf Ebene des Versorgungssystems.

5.3   Entwicklung eines Kategorienschemas

Angelehnt an die aufgezeigten Systematisierungsversuche der Netzwerkforschung wurden verallgemeinerbare Nutzenkategorien abgeleitet und in ein eigenes Schema überführt (*s. Abb. 11*). Das Kategorienschema stand für die Fallstudien von Netzwerken im Gesundheitswesen in *Kap. 6* als Auswertungsmatrix zur Verfügung.

Abbildung 11: Kategorienschema zum Netzwerknutzen[5]

Quelle: Eigene Darstellung

---

[5] Des erkenntnistheoretischen Dilemmas bewusst, dass „Modellbildung[en] (...) aufgrund der zwingenden Vereinfachungen (...) ex ante falsch, und falsifizierende Beobachtungen sind", erhebt das Kategorienschema keinen allumfassenden Anspruch (Rößl 1994, S. 28). Zum Teil können Nutzenaspekte in mehrere Kategorien eingeordnet werden, einige Kategorien bedingen sich gegenseitig – wie z. B. Ressourcenvorteile, die gleichzeitig finanzielle Effekte auf die Organisation haben. Ziel ist hingegen ein Versuch der Systematisierung über verschiedene Netzwerke sowie Studien hinaus.

Die in *Abb. 11* dargestellte Version wurde im Laufe der Erkenntnisse aus den Fallstudien angepasst:

- Entgegen der ursprünglichen Erwartung fehlender finanzieller Wirkungsbelege in gesundheitsbezogenen Netzwerken, wurde die Kategorie „Finanzen" nachträglich hinzugefügt. Die Interviews gaben diesbezüglich klare Hinweise.

- Zudem wurde die Kategorie „Beziehung & Kultur" mit aufgenommen. Ausschlaggebend waren die zahlreichen Nennungen in diesem Bereich, obwohl dieser Aspekt sowohl in der Netzwerktheorie als auch -forschung eine eher untergeordnete Rolle spielt.

- Ferner wurde zu Beginn die Systemebene ausschließlich aus den Kategorien „Patientenzufriedenheit" und „Versorgungsqualität" gebildet. Da in diesem Bereich eine große Anzahl divergenter Aspekte genannt wurde, erfolgte eine ergänzende Ausdifferenzierung der System-/ Patientenebene in Versorgungsstruktur, -prozess- und -ergebnis *(s. dazu Kap. 5.3.2)*.

5.3.1   Nutzenkategorien auf Organisationsebene

Die fünf ersten Kategorien stellen, bezugnehmend zu den in der Netzwerkforschung schwerpunktmäßig beschriebenen organisationsspezifischen Nutzen (*s. Kap. 4.3*), positive Effekte für die eigene Institution dar. Die in *Abb. 14* dargestellte Ebene der Organisation bündelt damit den Nutzen, den das einzelne Netzwerkmitglied erfährt. Auch wenn der Non-Profit-Sektor nicht privatwirtschaftlich motiviert ist und keine ausschließlich ökonomischen Unternehmenszielen verfolgt, ergeben sich auch in Netzwerken des Sozial- und Gesundheitswesens zahlreiche positive Wirkungen auf das eigene Unternehmen.

Zeit & Ressourcen

In der eigenen Organisation Ressourcen zu gewinnen oder einzusparen und gleichzeitig einen Zeitgewinn zu erzielen wird in nahezu allen aufgezeigten Forschungsarbeiten als Nutzen der interorganisationalen Vernetzung beschrieben. Dies gilt gleichermaßen für Unternehmensnetzwerke und gesundheitsbezogene Netzwerke.

Der Parameter „Zeit"[6] wird in vielen Branchen mittlerweile als ausschlaggebender Wettbewerbsfaktor benannt. Neben den klassischen Zielgrößen Kosten und Qualität hat der Zeitfaktor in den vergangenen Jahren zunehmend an Bedeutung gewonnen (vgl. Kaluza 1995, S. 1064f.). „Die Notwendigkeit, immer schneller auf Veränderungen auf den Absatzmärkten reagieren zu müssen, hat die Wichtigkeit von Zielen wie Reduzierung von Entwicklungs- und Durchlaufzeiten stärker in den Vordergrund geschoben" (Kontos 2004, S. 80). In der Literatur werden immer wieder Zeitaspekte aufgegriffen und mit positiven Auswirkungen auf das Netzwerk und die einzelnen Unternehmen in Verbindung gebracht (vgl. dazu im Allgemeinen u. a. Voigt & Wettengl 1999, S. 417ff.; in Kap. 4.3 u. a. Kontos 2004; Riggers 1998).

Im Rahmen der Wettbewerbsfähigkeit eines Unternehmens hängt der Faktor Zeit eng mit weiteren vorhandenen Ressourcen zusammen. Da die Ressourcen einer

---

[6] Zeit kann als eine Ressource in einem Unternehmen betrachtet werden. Entgegen der Subsummierung unter dem Begriff „Ressourcen" wurde allerdings der Faktor Zeit gesondert genannt, um der zunehmend beschriebenen Bedeutung Rechnung zu tragen (vgl. dazu u. a. Kaluza 1995).

Organisation vielfach nicht ausreichen, um den differenzierten (Markt-) Anforderungen gerecht zu werden, stellen Netzwerke eine Möglichkeit zur Überwindung von Ressourcendefiziten dar[7]. Dabei unterscheidet Kontos zum einen die Zusammenlegung vorhandener Ressourcen mit denen von externen Unternehmen (kapazitätsbezogene Ressourcenkumulation) und zum anderen die Erweiterung nicht vorhandener Ressourcen durch externe Kompetenzen (kompetenzbezogene Ressourcenerweiterung) im Netzwerk (vgl. Kontos 2004, S. 88).

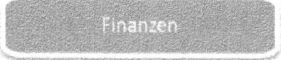

In der Kooperationsforschung gehören Kosteneffekte bzw. Kostensenkungseffekte zu den am häufigsten genannten Nutzen von interorganisationalen Netzwerken (vgl. im Allgemeinen Staudt et al. 1996, S. 15f.; in Kap. 4.3 für den Non-Profit-Sektor u. a. Rüschmann et al. 2000; Alter und Soziales e. V. 2007; Klemann 2007; für Unternehmensnetzwerke u. a. Riggers 1998; Thiemann 2004; Kontos 2004).

Die erzielten monetären Vorteile betreffen dabei nicht nur Produktionskosten, sondern insbes. Transaktionskosten[8], wie bspw. Informationsbeschaffungskosten. Das bedeutet, dass die positiven finanziellen Effekte eines Netzwerks nicht nur zur Reduzierung bzw. Amortisation der bereits (durch die Vernetzung) entstandenen Kosten beitragen, sondern ggf. auch zusätzliche finanzielle Vorteile erzielen.

Mögliche finanzielle Effekte lassen sich i. d. R. nur mit Hilfe aufwendiger betriebswirtschaftlicher Evaluationen nachweisen. Im Rahmen objektivierbarer Kennzahlen stellt diese Nutzenkategorie damit ein eher „hartes" Kriterium dar, welches nicht für jedes Netzwerk aufgezeigt werden kann (s. direkter Nutzen in *Kap. 4.1.1*).

---

[7] Ressourcenorientierte Erklärungsansätze setzen sich zum einen mit der Frage der eigenen Ressourcenausstattung in der Organisation auseinander ("Ressource-Based-View", vgl. dazu Penrose 1959) und zum anderen mit der Abhängigkeit der Organisation von externen Ressourcen ("Ressource-Dependence-Ansatz", vgl. dazu Pfeffer & Salancik 1978).

[8] Picot fasst darunter z. B. Einsparungen von Kosten bei der Vertragsanbahnung, -aushandlung und -kontrolle oder die raschere Durchsetzung von Innovationen (vgl. Sydow 2005, S. 130; zum Vergleich zwischen Produktions- und Transaktionskosten bei Unternehmenskooperationen vgl. Büchs 1991).

Wissen & Kompetenz

Know-how-Vorteile werden in der Netzwerkforschung ebenfalls als ein zentraler Vorteil genannt. Eine wissensbezogene Verbundwirkung lässt sich auf technologischer Ebene (z. B. Informationstechnologie) oder auf Mitarbeiterebene (z. B. gemeinsames Lernen im Team) feststellen (vgl. Kontos 2004; im Weiteren Bronder & Pritzl 1992, S. 27).

Nahezu alle Studien befassen sich mit positiven Auswirkungen auf das organisationsspezifische Wissen und den Zugewinn an Kompetenz. Mit jeweils unterschiedlichen Bezeichnungen und Gruppierungen werden in *Kap. 4.3* u. a. Know-how-Transfer (Klemann 2007; Theurl 2010), Informations- und Erfahrungszugewinn (Dieffenbach et al. 2002), Kompetenz- und Informationsvorteile (Riggers 1998) sowie Wissensmanagement (Internationales Centrum für Franchising und Cooperation & PricewaterhouseCoopers AG 2007) genannt.

Beziehung & Kultur

Die ausgewählten Studien zeigen, dass der Beziehungskultur zwischen Organisationen in der Forschung bisher nur wenig Beachtung geschenkt wurde. Neben Erwähnungen in *Kap. 4.3* von Zufriedenheit und Vertrauen (Seiler 2004) und der Kooperationsbereitschaft (Internationales Centrum für Franchising und Cooperation & PricewaterhouseCoopers AG 2007) untersuchen Ahlert et al. gezielt die Beziehungsqualität in Unternehmensnetzwerken. Die Studie bestätigte einen Zusammenhang zwischen einer qualitativ hochwertigen Beziehung (Zufriedenheit, Vertrauen und Commitment) und dem Netzwerkerfolg (Ahlert et al. 2007 in Kap. 4.3).

Die Wichtigkeit der Netzwerkkultur kristallisierte sich in den durchgeführten Fallstudien in *Kap. 6* deutlich heraus. Kulturelle Aspekte scheinen einen erheblichen Einfluss auf den Erfolg und das langfristige Bestehen des Netzwerks zu haben.

Image & Wettbewerb

Organisationen stehen marktwirtschaftlich betrachtet im Wettbewerb und können in einem Netzwerk Marktvorteile bzw. positive Imageeffekte im Vergleich zu netzwerkexternen Wettbewerbern erzielen. Gründe dafür werden in der Kooperationsforschung u. a. auf zusätzliches technologisches Know-how, Nutzung zusätzlicher Infrastruktur oder Vertriebs- und Absatzkanäle zurückgeführt (vgl. dazu u. a. Theurl 2010; Kontos 2004; Thiemann 2004; Riggers 1998).

Unternehmen gehen vorwiegend strategische Netzwerke ein, um gerade die Marktposition bzw. den Markterfolg des eigenen Unternehmens zu fördern, was stellenweise kritisch betrachtet wird (vgl. Thiemann 2004, S. 82). Durch das Netzwerk können Wettbewerbsbarrieren reduziert und neue lukrative Beschaffungs- und Absatzmärkte erschlossen werden (vgl. Riggers 1998, S. 123).

Im Bereich der Non-Profit-Netzwerke ist die Zielstellung meist weniger marktorientiert. Wettbewerbliche Nutzenaspekte wie eine verbesserte Reputation (Alter und Soziales e. V. 2007), Konkurrenzvorteile und Imagesteigerung (Dieffenbach et al. 2002) oder positive Marketingeffekte (Klemann 2007) werden nichtsdestotrotz auch für gesundheitsbezogene Netzwerke in *Kap. 4.3* benannt.

5.3.2 Nutzenkategorien auf System-/ Patientenebene

Auf der zweiten Ebene des Schemas subsummiert sich der system- und patientenbezogene Netzwerknutzen. Die Studien in *Kap. 4.3* illustrieren eingängig, dass im Non-Profit-Sektor – nicht zuletzt aufgrund der gemeinwohlorientierten Ausrichtung – positive Effekte auf das System und/oder den Patienten[9] verursacht werden (vgl. dazu Seiler 2004; Löcherbach et al. 2013; Dieffenbach et al. 2002).

---

[9] Die zusätzliche Bezeichnung „Patient" wurde bewusst als Ergänzung der „Systemebene" gewählt. Gründe dafür sind u. a. der Forderung einer verstärkten Patientenorientierung nachzukommen sowie den Bezug zu dem eigentlichen Kern des Gesundheitswesens herzustellen: der Patientenversorgung. Folgende Bezeichnungen wurden vermieden:

1. In der Volks- und Betriebswirtschaft wird der Patient vielfach als Kunde bezeichnet. Dafür mangelt es allerdings bis heute noch an der nötigen Autonomie und sozialstaatlich geforderten Eigenverantwortung. Weder die handelnden Akteure noch das sozialrechtliche Dreiecksverhältnis lassen die notwendigen strukturellen Rahmenbedingungen für eine Kundenbeziehung zu. (Vgl. Bundesverband deutscher Volks- und Betriebswirte 2000, S. 3f.; Troschke & Mühlbacher 2005, S. 63f.)

2. U. a. der SVR Gesundheit prägte in jüngster Zeit den Begriff Nutzer als Alternative zur Kundenbezeichnung. Auch wenn der semantische Kompromiss gerade die unter-

Für sozial- und gesundheitsbezogene Netzwerke steht außer Frage, dass die Netzwerke nicht nur einen Benefit für die Organisationen erzeugen sollen, sondern vorwiegend einen Beitrag zur Verbesserung der Patientenversorgung leisten. Einige Netzwerke nehmen gleichwohl nur mittelbar auf den Patienten Einfluss oder greifen gar nicht in die Patientenversorgung ein (z. B. eine regionale Gesundheitskonferenz), was zu der zusätzlichen Bezeichnung „System" führt. Anzumerken ist, dass hierbei nur auf wenige empirische Ergebnisse zurückgegriffen werden kann, da in der managementorientierten Netzwerkforschung systemspezifische Aspekte nicht gesondert bewerte oder kategorisiert werden.

Die vorgenommene Untergliederung im Kategorienschema orientiert sich an den verschiedenen Dimensionen von Qualität bzw. Qualitätsmessung nach Dona-bedian.[10] Auf die Sozial- und Gesundheitsversorgung bezogen, ergibt sich so eine Kategorisierung in Struktur, Prozess und Ergebnis.[11] Einen ähnlichen Ansatz verfolgen lediglich Dieffenbach et al. in ihrer Evaluationsstudie, auch wenn sie dafür keine gesonderten Dimensionen der Netzwerkeffekte anlegen (vgl. Dieffenbach et al. 2002, S. 234).

Versorgungsstruktur

Über den einzelnen Fall bzw. Patient hinaus werden im Gesundheitswesen oft strukturelle Veränderungen in der jeweiligen Region/ Reichweite des Netzwerks erreicht. Donabedian versteht unter Strukturqualität die Rahmenbedingungen, die für eine gute Versorgungsqualität (in seinem Fall: medizinische Leistungen) notwendig

---

schiedlichen Rollen (Versicherter, Konsument) versucht zu vereinen soll abseits der kontrovers geführten Debatte ein noch nicht ausreichend etablierter und abstrakter Kunstbegriff vermieden werden. (Vgl. Ewert 2012, der sich in einer Dissertation mit dem Begriff auseinandersetzt; außerdem das Gutachten zur Nutzerorientierung vom Sachverständigenrat für die Konzertierte Aktion im Gesundheitswesen 2003)

3.   Weitere größtenteils feldspezifische Bezeichnungen (u. a. Klient, Bewohner, Rehabilitand) sind gleichwohl mit dem im Gesundheitswesen etabliertesten Patientenbegriff angesprochen.

[10] Donabedian hat die Qualitätsmanagement-Debatte maßgeblich durch eine 1966 erschienene Literaturstudie geprägt, in der er Ansätze und Methoden der Qualitätserfassung und -messung beschreibt und bewertet. Er bezieht sich dabei ausschließlich auf die Interaktion zwischen Patient und Arzt (vgl. dazu Donabedian 1966).

[11] In der Unterscheidung der Kategorien sind Zusammenhänge und Wechselwirkungen der genannten Dimensionen natürlich nicht zu vermeiden. So kann bezogen auf Donabedian z. B. die Strukturqualität positive Auswirkungen auf die Versorgungsprozesse haben und letztlich das Ergebnis beeinflussen (vgl. Klemann 2007, S. 261f.).

sind. Darunter werden Charakteristika, wie die personelle und technische Ausstattung, infrastrukturelle Aspekte, organisationale Abläufe und finanzielle Rahmenbedingungen gefasst (vgl. Zollondz 2011, S. 170).

In den vorliegenden Studien im NPO-Bereich aus *Kap. 4.3* werden u. a. die Überwindung von Systemgrenzen durch Implementierung von Pflegekonferenzen (Dieffenbach et al. 2002), die zusätzliche Unterstützung für Angehörige (Alter und Soziales e. V. 2007), die Intensivierung ambulanter Betreuung (Rüschmann et al. 2000) sowie die Ermöglichung passgenauerer/ bedarfsgerechterer Maßnahmen (Löcherbach et al. 2013) genannt.

Ein in diesem Zusammenhang eher selten angeführter Forschungsstrang inter-organisationaler Netzwerke stützt sich auf die wirtschaftswissenschaftliche Theorie von Innovationen, als eine Durchsetzung von technischen und organisatorischen Neuerungen. Studien belegen, dass Netzwerkaktivitäten zu einem Zugewinn an Innovativität, d. h. zu (strukturellen) Neuerungen und damit zum Netzwerkerfolg führen können (vgl. dazu Metzger 2013). Bspw. konnte im Krankenhausbereich eine höhere Zahl von Dienstleistungsinnovationen im Zusammenhang mit interorganisationalen Vernetzung festgestellt werden (Goes & Park 1997 in Kap. 4.3).

Versorgungsprozess

Die Prozessebene stellt die Frage nach dem „wie" der Versorgung. Positiv beeinflusst werden können im Ablauf der Versorgung u. a. Dauer, Verfahren, Methoden und Techniken. Der Versorgungsprozess umfasst dabei nach Donabedian die Gesamtheit aller Aktivitäten der Leistungserbringung (vgl. Zollondz 2011, S. 170).

Einige Nutzenaspekte für den Versorgungsprozess ergeben sich aus den Forschungsergebnissen nach *Kap. 4.3*, u. a. Entwicklung und Einsatz von Behandlungspfaden, zunehmend zeitnahe und abgesicherte Patientenverlegungen, Festlegung von Ansprechpartnern zur besseren Abstimmung (Alter und Soziales e. V. 2007) sowie Vermeidung von Doppeluntersuchungen und unnötigen Wartezeiten im niedergelassenen Bereich (Rüschmann et al. 2000; Klemann 2007).

Prozessuale Aspekte ziehen meist gleichzeitig ein verbessertes Versorgungs-ergebnis nach sich (z. B. zeitnahe Patientenverlegungen), sollen aber bewusst getrennt kategorisiert werden. Das ermöglicht ggf. auch die Nennung von prozessualen Nutzenfaktoren, die nicht zwangsläufig mit einem besseren Versorgungsergebnis einhergehen.

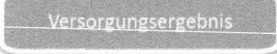

Vielfach werden im Gesundheitswesen bestimmte Versorgungsergebnisse (z. B. die Verbesserung der regionalen Patientenversorgung) als Auftrag bzw. Zielstellung der gemeinsamen Netzwerkarbeit festgelegt. Das unterscheidet die Ausrichtung der Netzwerke deutlich von strategischen Unternehmensnetzwerken.

In den untersuchten Studien aus *Kap. 4.3* gehen die positiven Effekte, die auf das Versorgungsergebnis bezogen sind, von einem gesteigerten Behandlungserfolg (Klemann 2007) über eine positive Arztbewertung (Rüschmann et al. 2000) bis zu Kosteneinsparungen für Pflegeleistungen (Alter und Soziales e. V. 2007).

Positive Wirkungen auf das Versorgungsergebnis lassen sich sowohl anhand objektiver Kennzahlen (z. B. messbarer Gesundheitszustand des Patienten) als auch durch subjektive Parameter (z. B. Patientenzufriedenheit) bestimmen. Die Evaluation von Auswirkungen auf den Patient und das (regionale) Versorgungsgeschehen ist durchaus anspruchsvoll. Für viele Nutzenaspekte lassen sich nur schwer operationalisierbare Kriterien finden.

Donabedian bezeichnet die Ergebnisqualität im Übrigen als „die Differenz zwischen dem Eingangszustand und dem Ausgangszustand" (Zollondz 2011, S. 170). Dazu müsste idealerweise das mithilfe eines Netzwerks erlangte Versorgungsergebnis mit der Versorgungssituation ohne Netzwerkaktivität verglichen werden. Diesen aufwändigen Forschungsansatz verfolgten eine Studie, indem sie die Effektivität und Effizienz des Versorgungssystems durch eine vernetzte Hilfestruktur sowie eine Vergleichsregion ohne Netzwerkarbeit untersuchten (Alter und Soziales e. V. 2007 in Kap. 4.3).

6 Fallstudien beispielhafter Netzwerkmodelle im Sozial- und Gesundheitswesen

Die bisherige Analyse von interorganisationalen Netzwerken stützt sich auf theoretisches Wissen sowie wissenschaftliche Resultate bereits vorliegender Forschungen. Um interorganisationale Netzwerke im Gesundheitswesen hinsichtlich des Nutzens umfassend zu analysieren, wäre eine Überprüfung der bisher gewonnenen Erkenntnisse nicht ausreichend. Ferner ist ein empirischer Blick in Richtung neuer, noch unberücksichtigter Aspekte notwendig.

Ziel des empirischen Vorgehens ist somit, über die vorhandenen Forschungsergebnisse und die Ableitung des Kategorienschemas hinaus, weitere wirkungsorientierte Erkenntnisse aus der Netzwerkpraxis zu gewinnen. Dafür sollen beispielhafte Netzwerkmodelle im Gesundheitswesen durch eine Fallstudienanalyse untersucht werden. Basis der Fallstudien bilden neben zahlreichem Datenmaterial leitfadengestützte Experteninterviews, die eine offene und auch kritische Beantwortung zulassen. Erst die anschließende Auswertung und Darstellung der Fallstudien erfolgt anhand des entwickelten Kategorienschemas, um einen Vergleich zu den Forschungsergebnissen zu ermöglichen. Hierbei steht eine größtmögliche Ergebnisvielfalt im Mittelpunkt des Erkenntnisinteresses, sodass auch weitere Aspekte berücksichtigt werden.

6.1 Fallstudiendesign

6.1.1 Identifikation und Auswahl der Netzwerkmodelle

Um in der vorliegenden Untersuchung empirische Aussagen treffen zu können, wurden fünf[1] etablierte Netzwerkbeispiele ausgewählt. Zur Selektion der interorganisationalen Netzwerke wurden innerhalb der Suchphase[2] zu erfüllende

---

[1] Im Spannungsverhältnis zwischen einer aussagekräftigen Anzahl von Netzwerken und der notwendigen Eingrenzung der Arbeit wurde die Untersuchung auf fünf Fallstudien begrenzt. Nicht zuletzt kommt die geringe Anzahl der umfangreicheren Ergebnisdarstellung eines einzelnen Netzwerks zugute.

[2] In der Auswahlphase wurden Netzwerkmodelle ausfindig gemacht, die im Rahmen von aktuellen (nach 2010) Fachzeitschriften, Internetportalen und Fachtagungen in der Öffentlichkeit standen und

Kriterien definiert, die eine gewisse Vergleichbarkeit ermöglichen. Als Orientierung dienen u. a. definitorische Abgrenzungen von Netzwerken zu anderen Kooperationsformen (s. dazu *Kap. 2.2*) sowie die Zugehörigkeit zum Gesundheitswesen. Die Netzwerke sollten folgende einheitlichen Merkmale erfüllen, sie

- agieren in der **Gesundheitsversorgung**: Der fachliche Schwerpunkt liegt auf einem gesundheitsbezogenen Auftrag, welcher auch Netzwerke im Sozialwesen miteinbezieht.

- sind **ausdifferenziert**: Die Netzwerkmitglieder sind (mindestens 5) eigenständige Organisationen, mit zum Teil unterschiedlichen Partikularinteressen (bspw. Hausärzte, Krankenhäuser).

- sind **etabliert**: Eine strukturelle Verankerung (mindestens 5 Jahre) in der jeweiligen Region ist erkennbar, ein „Modellcharakter" wurde möglichst überschritten.

- sind **erfolgreich**: Erste positiven Wirkungen des Netzwerks sind bekannt und mindestens subjektiv nachweisbar, zum Teil auch wissenschaftlich evaluiert.

Die Netzwerk-Stichprobe soll in ihren Eigenschaften nicht nur vergleichbar sein, sondern gleichzeitig eine große Bandbreite an unterschiedlichen Schwerpunkten abbilden. Zur Berücksichtigung der Heterogenität von Netzwerkmodellen in der Praxis wurden daher verschiedene Charakteristika von interorganisationalen Netzwerken im Gesundheitswesen vorgegeben. Die Netzwerke

- agieren in vielfältigen **Versorgungssektoren**: Ambulant, Krankenhausbereich, Rehabilitation, Pflege, etc.,

- haben verschiedene **inhaltliche Schwerpunkte**: z. B. Betriebliche Gesundheitsförderung, Demenzversorgung, Patientenüberleitung,

- versammeln ein **breites Spektrum an Netzwerkakteuren**: z. B. Haus- und Fachärzte, Kliniken, Pflegeeinrichtungen, ambulante Beratungs- und Unterstützungsdienste, kommunale Partner, Unternehmen und

---

denen Erfolg bescheinigt wurde. Aufgrund der besonderen strukturellen Rahmenbedingungen des Gesundheitssystems sind ausschließlich Netzwerke in Deutschland berücksichtigt wurden.

- arbeiten auf **Fall- und/ oder Strukturebene**: z. B. Angebote für einzelne Patienten (Fallebene) oder die gemeinsame Abstimmung von Versorgungskonzepten (Strukturebene).

Anhand der genannten Merkmale wurden für die Fallstudien die folgenden Netzwerke ausgewählt *(Abb. 12)*:

Abbildung 12: Fallstudien interorganisationaler Netzwerke

Fallstudie 1	Betriebliches Rehabilitationskonzept der Salzgitter AG
Fallstudie 2	Bremer Forum Demenz
Fallstudie 3	Gesundes Kinzigtal
Fallstudie 4	Gesundheitskonferenz Essen
Fallstudie 5	Gesundheitsnetz Region Wedel

Die in *Abb. 12* genannten Fallstudien werden ab *Kap. 6.2* ausführlich unter einem wirkungsorientierten Blickwinkel analysiert. Zu Beginn ist jeweils eine dezidierte Beschreibung des Netzwerks u. a. zum Auftrag, den Netzwerkpartnern sowie der Reichweite zu finden. Einen ersten Eindruck über die Vielfältigkeit und unterschiedlichen Charakteristika der ausgewählten Netzwerke vermittelt *Tab. 7*.

Tabelle 7: Charakteristika der Fallstudien

		Fallstudie 1	Fallstudie 2	Fallstudie 3	Fallstudie 4	Fallstudie 5
Sektoren	Ambulant	x	x	x	x	x
	Krankenhaus			x	x	x
	Rehabilitation	x		x	x	
	Pflege		x	x	x	
Akteure	Leistungserbringer	x	x	x	x	M
	Leistungsträger	M		x	x	
	Leistungsberechtigte			x	x	x
	Politik			M		M
	Wirtschaft	x		M		
	Wissenschaft	x		x		
	Kultur/ Sportvereine	x	x	x		x
Auftrag	Fallebene	x		x		
	Strukturebene		x	x	x	x

M= Netzwerkmanagement bzw. Netzwerktreiber

6.1.2 Zum Vorgehen der Fallstudien

Da noch unzureichend theoretische Erkenntnisse als auch wissenschaftliche Forschungsergebnisse über den Nutzen interorganisationaler Netzwerke (im Gesundheitswesen) vorliegen (s. *Kap. 4.2*), wurde im Spannungsfeld zwischen Vergleichbarkeit und Vielfalt von Daten eine qualitative Vorgehensweise gewählt. Für eine quantitative Erhebungsmethodik wäre die Grundgesamtheit bzw. der Stichprobenumfang von interorganisationalen Netzwerken im Gesundheitswesen a) zu gering und b) zu divergent, um vergleichbare Ergebnisse zu erzielen (vgl. Bortz & Döring 2006, S. 296ff.; Kromrey 2009, S. 254f.). Zudem ist die Kooperationsforschung im Gesundheitswesen eine recht junge Disziplin, sodass ein ergebnisoffener Ansatz neue Erkenntnisse für die Feldforschung eröffnet.

Die empirische Basis der Fallstudien bildeten insbes. **Experteninterviews** mit (koordinierenden) Akteuren des Netzwerks und zusätzlich eine Auswertung von zur Verfügung gestelltem **Datenmaterial** über das jeweilige Netzwerk.

6.1.2.1 Datenerhebung

In der Public-Health-Forschung werden zur Evaluation von Versorgungsstrukturen und -prozessen bevorzugt **Experteninterviews**[3] eingesetzt (vgl. Pfaff et al. 2012, S. 456), da das Zurückgreifen auf relevante Netzwerkakteure exklusives Wissen über Wirkungs-weisen und (informellen) Aushandlungs- und Entscheidungsprozessen eines Netzwerks ermöglicht (vgl. Kaiser 2014, S. 6). Experten[4] lassen sich „als Katalysator des Forschungsprozesses bzw. zur Gewinnung sachdienlicher Informationen und Aufklärung" beschreiben, die unersetzlich und in der Theorie meist nicht erschließbar sind (Gläser & Laudel 2010, S. 38).

Statt Durchschnittswerte und Vergleichswerte einer quantitativen Erhebung zu verwenden, ist v. a. die subjektive Perspektive der Experten entscheidend. Ist die Effizienz von Netzwerken zwar teilweise statistisch erfassbar, so lassen sich viele Nutzenkriterien nur unzureichend quantifizieren. Entscheidend ist die Interpretierbarkeit der Expertenmeinung, nicht die Messbarkeit bzw. statistische Aussagekraft (Reliabilität).

Daher wurden nach der dreiteiligen Typologie des Experteninterviews nach Bogner et al.[5] leitfadengestützte Experteninterviews als halbstandardisierte Befragungsmethode durchgeführt, die trotz offener Fragen eine gewisse Orientierung erlaubten. Einerseits sollte für die Experten und den Interviewer ausreichend Freiheit gelassen werden, um möglichst viel exklusives Wissen zu erhalten, auch wenn dabei die Gefahr ausschweifender Antworten bestand. Andererseits galt es, eine thematische Struktur innerhalb des Untersuchungsfelds sicherzustellen, damit das Wissen mit dem bisher erarbeiteten Kategorienschema verglichen werden kann (vgl. Lamnek 2001, S. 284f.; Bogner et al. 2009, S. 17).

---

[3] Trotz des nicht unerheblichen forschungspraktischen Stellenwerts ist die theoretisch-methodologische Fundierung dieser Erhebungsform vergleichsweise wenig ausgeprägt, sodass das Experteninterview nur vage systematisch begründet ist (vgl. Bogner et al. 2009, S. 20).

[4] Der Expertenstatus ergibt sich aus dem privilegierten Zugang zu exklusiven und validen Informationen über das Netzwerk und ist meist mit einer strategischen Position bzw. Funktion in der jeweiligen Organisation verbunden (vgl. Scholl 2009, S. 68f.; vgl. Meuser & Nagel 1991, S. 442ff., 466).

[5] Da in der Methodendebatte um das Experteninterview teilweise konkurrierende Begriffe verwendet werden, schlagen Bogner et al. eine Differenzierung des Experteninterviews nach ihrer erkenntnisleitenden Funktion vor, v. a. in Anlehnung an Meuser & Nagel (vgl. dazu Bogner et al. 2009, S. 36f.).

Zur Offenlegung des Befragungsinteresses wurden in einer im Vorfeld des Interviews schriftlich versandten Einladung an die Experten (*s. Anlage*) Fragen gestellt, die den Inhalt des Interviews vermitteln sollten. In abgewandelter und erweiterter Form waren die folgenden Fragen Teil des Interview-Leitfadens (*s. Anlage*):

Tabelle 8: Fragen der Experteninterviews

	Frage	Hintergrund
1.	Halten Sie Netzwerke im Gesundheitswesen als eine Lösung der aktuellen und zukünftigen gesundheitssystemischen Herausforderungen?	Einführungsfrage: Intrinsische Motivation zum Thema, Verständnis verschiedener Begriffe, thematische Anknüpfung zu nachfolgenden Fragen
2	Was bedeutet für Sie „erfolgreiche" Vernetzung bzw. Netzwerk-Nutzen?	Überleitungsfrage: Individuelle Definition von Netzwerk-Erfolg und Nutzen, indirekte Frage über Einstellungen, Werte und Normen
3	Welche positiven Auswirkungen hat das Netzwerk auf Ihre Organisation?	Organisationsspezifischer Nutzen: Subjektiver Nutzen für den Netzwerkakteur, Ressourcen in Vernetzung zu investieren (Impacts).
4	Welche positiven Auswirkungen hat das Netzwerk auf Patienten und/ oder die Gesundheitsversorgung?	Systemischer Nutzen: Subjektiver Nutzen des Netzwerks auf die Gesellschaft/ Umwelt (Impacts)
5	Welche Kosteneffekte lassen sich durch Ihr Netzwerk nachweisen?	Ökonomischer Nutzen: Objektiv messbare Wirksamkeit des Netzwerks (Effects)
6	Wie evaluieren Sie den Nutzen Ihres Netzwerks?	Evaluationsmethodik: Bewertungsmethoden und -indikatoren von Netzwerken

Die Fragen wurden bis auf die Einführungsfrage offen formuliert, damit die Experten möglichst frei und unverfälscht ihre subjektiven Meinungen darlegen konnten (vgl. Lamnek 2001, S. 288f.). Die konkreten Fragen zu Nutzenaspekten unterschieden sich dabei a) in der positiven Wirkung für die eigene Organisation und b) dem Nutzen für die Patienten bzw. der gesamten Gesundheitsversorgung. Die im Vorfeld gebildeten Nutzenkategorien aus den Forschungsergebnissen sollten nicht einzeln abgefragt werden, um eine Antwortverzerrung durch soziale Erwünschtheit[6] zu vermeiden.

---

[6] Je nach erfragten Merkmalen und den vermuteten Erwartungen vom Interviewer können die Aussagen der Experten zu sozial erwünschten und damit angepassten Antworten führen, z. B. wird der erfragte Nutzen-aspekt unreflektiert bestätigt. „Es kann zwischen ‚kultureller sozialer Erwünschtheit' und ‚situationaler sozialer Erwünschtheit' danach unterschieden werden, ob die vermuteten Erwartungen aus internalisierten Rollenerwartungen (z. B. Geschlechtsrolle) oder aus konkreten Stimuli der Untersuchungssituation (z. B. Interviewermerkmalen) hergeleitet werden." (Schnell et al. 2013, S. 347).

Für jedes mündliche[7] Experteninterview war die Dauer von 45-60 Minuten vorgesehen. Nach dem Mitschneiden der qualitativen Befragung auf ein Tonbandgerät wurde das Interview anschließend vollständig transkribiert (s. *Anlage*), um Sachverhalte möglichst sorgfältig rekonstruieren zu können.

Über die Expertenaussagen hinaus wurde zur Verfügung stehendes **Datenmaterial** in die Auswertung mit einbezogen. Dadurch konnte eine weitere Wirkungsdimension in der empirischen Nutzenbetrachtung mit einbezogen werden. Stellen die Interviewaussagen subjektive Wirkungen („Impacts") dar, so lassen sich aus den Daten zum Teil objektiv messbare Auswirkungen der Netzwerke („Effects") ableiten (s. *Kap. 4.1*). Beides führt zu einer ausgewogenen Datenerhebung. Bspw. würden ausschließlich messbare Nutzen zum Teil Aspekte verkennen, die wesentlich für das Netzwerk sind, aber nicht ohne Weiteres objektivierbar (u. a. Zufriedenheit, oder Commitment).

Schon in der Gesprächsvorbereitung erfolgte eine Recherche fallbezogener Zeitschriftenartikel, weiterer Publikationen, Homepage-Inhalte und Qualitäts- und Evaluationsberichte – sofern diese zur Verfügung standen. Auch weitere im Nachhinein zugesandte Unterlagen, wie z. B. Vereinssatzungen, enthielten zusätzliche relevante Informationen. Jeweils zu Beginn der Auswertungsergebnisse der Fallstudien sind die verwendeten Quellen bzw. das zur Verfügung stehende Datenmaterial benannt.

6.1.2.2   Datenauswertung

Das Interviewmaterial sowie die zur Verfügung stehenden Daten mussten zur Analyse gesichtet, strukturiert und erörtert werden. Ziel war auf der einen Seite Einzelaussagen möglichst nachvollziehbar wiederzugeben und auf der anderen Seite eine fallstudienübergreifende Auswertungslogik sicherzustellen, um zum Teil vergleichbare Aussagen treffen zu können. Dazu wurde ein übersichtsartiges Auswertungsverfahren angewendet, das sich methodisch an der Globalauswertung

---

[7] Die mündliche Form der Befragung wurde priorisiert, um so bessere Möglichkeiten der Einflussnahme auf den Verlauf der Befragung zu nehmen. Aufgrund der wohnlichen Distanz zwischen Experten und Interviewer sowie der zum Teil geringen zeitlichen Flexibilität erfolgte die Durchführung per Telefon (vgl. Lamnek 2001, S. 287).

nach Böhm et al. orientiert.[8] Entgegen offener und ausschließlich induktiver Vorgehensweisen, wie z. B. die qualitative Inhaltsanalyse nach Mayring (vgl. 2002), sollten für einen Fallstudienvergleich die im Vorfeld entwickelten Nutzenkategorien als strukturierendes Element dienen (vgl. im Folgenden Böhm et al. 2008, S. 22-26; Legewie 1994, S. 78-81):

1. Orientierung und Netzwerkbeschreibung: Die erste Sichtung des Interview-Transkripts und des weiteren Datenmaterials verschaffte eine Übersicht. Anhand von erstellten Auswertungsabschnitten galt es zu überprüfen, ob grobe thematische Aspekte (z. B. die Nutzenkategorien) angesprochen wurden. Zur besseren Zuordnung wurden für alle Fallstudien tabellarische Netzwerk-Kurzbeschreibungen erstellt. Diese gliedern sich nach typischen Charakteristika der Netzwerkarbeit, wie bspw. Netzwerkakteure oder -ziel.

2. Kodieren der Interviews und Datenmaterials: Mit Hilfe des Kategorienschemas sowie des Interview-Leitfadens wurden Textpassagen und Inhalte den jeweiligen Fragestellungen oder Kategorien zugeordnet. In einer vertiefenden Einzelfallanalyse sind auch darüber hinaus gehende Aspekte bzw. nicht klassifizierbare Textabschnitte herausgearbeitet wurden, um ggf. neue Hypothesen zu bilden oder das Kategorienschema entsprechend anzupassen (so z. B. die hinzugefügte Kategorie „Beziehung & Kultur", s. dazu *Kap. 5.3*).

3. Zusammenfassung und Erstellung einer Fallübersicht: Zur Ergebnis-darstellung sind die zentralen Nutzenaspekte zusammenfassend aus Interview und Datenmaterial tabellarisch dem Kategorienschema zugeteilt. Gleichzeitig müssen Netzwerk-Wirkungen im Kontext betrachtet werden, da sie oftmals in einem wechselseitigen Verhältnis stehen. Neben der stichwortartigen Nutzendarstellung erfolgt daher eine ausführliche Beschreibung. Für jedes Netzwerk werden die Ergebnisse anhand einer fallstudienübergreifenden Gliederung aufgezeigt:

    a. **Netzwerkbeschreibung**

---

[8] Trotz deduktiver Kategorisierung ist die Globalauswertung nach Böhm et al. der „Grounded Theory" (gegenstandsverankerte Theoriebildung, vgl. dazu Glaser & Strauss 2010) zuzuordnen. Im Mittelpunkt steht nicht die Theorie bzw. Hypothesenüberprüfung, sondern vielmehr „liegt das Erkenntnisinteresse darin, einen interessierenden Gegenstandsbereich (...) anschaulich und präzise zu beschreiben" (Böhm et al. 2008, S. 8).

Tabellarische Beschreibung des Netzwerks zu Versorgungsbereich, Reichweite, Akteure, Entstehung, Organisationsgrad, Ansprechpartner, Ziel & Konzept.

b. **Nutzen auf Organisationsebene**

Ausführliche und tabellarische Darstellung von organisationsspezifischen Nutzenaspekten des Netzwerks. Grundlage bilden die Expertenmeinung und ggf. vorliegendes Datenmaterial.

c. **Nutzen auf System-/ Patientenebene**

Ausführliche und tabellarische Darstellung von system- und patientenspezifischen Nutzenaspekten des Netzwerks. Grundlage bilden die Expertenmeinung und ggf. vorliegendes Datenmaterial.

d. **Evaluationsmethodik**

Beschreibung der durchgeführten Netzwerkevaluation(en) zur Gewinnung von objektivierbaren Daten.

6.2   Betriebliches Rehabilitationskonzept der Salzgitter AG (BeReKo)

Tabelle 9: Netzwerkbeschreibung (BeReKo)

Versorgungsbereich	Betriebliches Gesundheitsmanagement Fokus der Fallstudie: BeReKo „Skelett-muskuläre Erkrankungen
Reichweite	Salzgitter, Braunschweig, Peine, Ilsenburg
Akteure	Netzpartner sind • Arbeitsmedizin der Salzgitter AG • BKK Salzgitter • Institut für Arbeits- und Sozialmedizin der Paracelsus-Klinik an der Gande • Deutsche Rentenversicherung (DRV) Braunschweig-Hannover • Ambulantes Reha Centrum Braunschweig • Fitnesscenter der Salzgitter AG, an den Standorten Salzgitter und Peine • Medizinische Hochschule Hannover • Technische Universität Braunschweig, Institut für Psychotherapie
Entstehung	2005 entstand als Antwort auf den demografischen Wandel das Projekt "GO – Die Generationen-Offensive 2025 der Salzgitter AG", in dem ein zentrales Handlungsfeld „Gesundheit, Fitness und Ergonomie" war und das Netzwerk BeReKo initiiert wurde.
Organisationsgrad	Bei allen Maßnahmen im BeReKo übernimmt die BKK Salzgitter (BKK MedPlus Center) die Fallführung
Ansprechpartner	Salzgitter AG/ BKK Salzgitter (BKK MedPlus Center)
Ziel & Konzept	Mit dem Ziel des Erhalts der Erwerbsfähigkeit am bisherigen Arbeitsplatz fokussiert das Netzwerk vier der mittel- und langfristig bedeutendsten Krankheitsgruppen, darunter Muskel- und Skeletterkrankungen. Weiterhin wurden bisher Angebote für psychische Erkrankungen, Adipositas und Schmerzpatienten umgesetzt. Elemente des betrieblichen Rehabilitationskonzepts der Salzgitter AG sind • Sekundär- und tertiärpräventive sowie rehabilitative Ansätze zur frühzeitigen Erkennung und Therapie, um ein Fortschreiten der Erkrankungen zu verhindern, • Fallführung der BKK Salzgitter bei allen BeReKo-Angeboten des betrieblichen Gesundheitsmanagements, • Individuelle Maßnahmen und Leistungsangebote, die auf den Arbeitsplatz und die Krankheitsdiagnose zugeschnitten sind, • Zeitnahe und straffe Organisation der Maßnahmen durch eine enge Vernetzung der Leistungsanbieter, • Einbindung der Mitarbeiter in die Organisation. Das Konzept BeReKo für skelettmuskuläre Erkrankungen ist in drei Module aufgeteilt, angelehnt an die verschiedenen Schweregrade der Erkrankungen. Je Modul und Anforderungsprofil des betroffenen Mitarbeiters können unterschiedliche diagnostische und therapeutische Maßnahmen durch die Betriebsärzte und/ oder BKK Salzgitter veranlasst werden. Das Angebot reicht von der Testung der funktionellen Leistungsfähigkeit, über arbeitsplatzbezogene Trainings bis zu stationären Reha-Maßnahmen.

Das betriebliche Rehabilitationskonzept (BeReKo) unterstützt die Träger-unternehmen der BKK Salzgitter, hierbei vorrangig die Unternehmen der Salzgitter AG, beim betrieblichen Gesundheitsmanagement (BGM) durch ein Netzwerk aus Leistungserbringern und -trägern. Ziel ist, „mit einem kompetenten Netzwerk gegen die Probleme des demografischen Wandels zu arbeiten und Ressourcenverluste durch Schnittstellenprobleme anzugehen" (Koch et al. 2013, S. 41).

Die Notwendigkeit, in diesem Bereich tätig zu werden, erkannte die Salzgitter AG bereits frühzeitig. 60 Prozent der Konzernbelegschaft ist über 40 Jahre alt. Das stellt ein erhöhtes Risiko dar für Arbeitsunfähigkeitszeiten sowie gesundheitliche Einschränkungen, gerade aufgrund von Muskel-/ Skeletterkrankungen, aber auch von Herz-Kreislauf- und psychischen Erkrankungen. Zum Erhalt der Erwerbsfähigkeit und Sicherstellung von Produktionsprozessen reagierte die Salzgitter AG 2005 mit einer Projektoffensive, die den Folgen des demografischen Wandels auf die Arbeitswelt bzw. den eigenen Konzern begegnen sollte. Daraus entstand das betriebliche Rehabilitationskonzept, in dem u. a. auf skelett-muskuläre Erkrankungen fokussiert wird (vgl. Koch et al. 2013, S. 135).

BeReKo ist seit Jahren ein fester Bestandteil des betrieblichen Gesundheitsmanagement in der Salzgitter AG, und die Palette an modularen Unterstützungsangeboten (u. a. betriebsärztliche Beratung, personelle Maßnahmen, interne und externe BGM-Maßnahmen) durch das Netzwerk wird von den Mitarbeitern akzeptiert und angenommen. Neben den regionalen Leistungsanbietern sind die für den Eingliederungsprozess relevanten Akteure Teil des Netzwerks. In dem fokussierten Modul A für skelett-muskuläre Erkrankungen sind das u. a. Arbeitgeber, betriebsärztlicher Dienst, Krankenkasse und Rentenversicherung. Die Koordination des Netzwerks und die Fallführung bei konzernexternen Maßnahmen übernimmt das BKK MedPlus Center.

Eine wissenschaftliche Begleitung des Konzepts wird durch die Arbeitsmedizin der Salzgitter AG, das Ambulante Reha Centrum Braunschweig und die BKK Salzgitter gewährleistet. Für die Fallstudie wurden folgende Daten verwendet:

- Experteninterview mit Fr. Dr. Birgit Leineweber, Leiterin BKK MedPlus Center
- Verschiedene Publikationen in Fachzeitschriften
- Evaluationsergebnisse der EFL-Tests

6.2.1   Nutzen auf Organisationsebene

Im Experteninterview wird betont, dass durch das betriebliche Rehabilitationskonzept die Qualität der Arbeit im Unternehmen steigt, hiervon profitieren alle Netzwerkbeteiligten. Wenn an dem Präventionsprogramm teilgenommene Versicherte leistungsfähiger, motivierter und angepasster an ihren Arbeitsplatz zurückkehren ergibt sich ein unmittelbarer Nutzen für die Betriebe. In diesem Zusammenhang kann laut Expertin die Senkung von Absentismus- und – bei äußerst erfolgreichem Trainingsverlauf – auch die Reduzierung der Präsentismusquoten[9] erreicht werden. Gesunde Mitarbeiter stellen letztlich die Basis eines zukunfts-fähigen Unternehmens dar.

Gleichzeitig kann die höhere arbeitsplatzbezogene Leistungsfähigkeit zu weniger Fehlzeiten, Reduzierung von Krankheitsfällen, geringeren Krankengeldzahlungen sowie einer niedrigeren Frühberentungsquote führen – die positiven Rückschlüsse lassen sich laut Expertin aus regionalen Daten der Krankenkassen ziehen. Die Investition in das Netzwerk wird daher von der Kranken- und Rentenversicherung und dem Arbeitgeber als durchweg lohnenswert eingeschätzt. In diesem Zusammenhang wird im Expertengespräch erwähnt, dass gefährdete Mitarbeiter schon bei ersten arbeitsplatzbezogenen Anzeichen von Erkrankungen in das Präventionsprogramm aufgenommen werden und der Beginn von Reha-Maßnahmen im Netzwerk deutlich früher erfolgt. Bspw. konnte die Antragszeit bei der regionalen Rentenversicherung von durchschnittlich über 100 Tagen auf 55 Tage für Versichertenfälle aus dem Netzwerk verringert werden. Auch dadurch werden Fehlzeiten vermieden und die Arbeitsfähigkeit der Mitarbeiter schneller wieder hergestellt. Das ist im Interesse des Versicherten selbst sowie der Betriebe, Krankenkassen und Rentenversicherung.

Vorteile im Netzwerk ergeben sich insbes. durch das Case Management und die modular aufgebauten Präventionsprogramme. Gerade für die Unternehmen stellen die klaren, erreichbaren Ansprechpartner und strukturierten Abläufe eine erhebliche Zeitersparnis dar. Die Übernahme der Fallführung durch das BKK MedPlusCenter

---

[9] Präsentismus meint den qualitativen und quantitativen Produktivitätsverlust von Betroffenen bei der Arbeit durch Gesundheitsprobleme (z. B. langsameres Arbeiten, höhere Fehlerquote, Unfälle). Absentismus dagegen sind Produktionsverluste durch tatsächliche Fehlzeiten (vgl. Badura et al. 2010, S. 411ff.; im Weiteren Badura et al. 2014).

erleichtert den Betrieben den organisatorischen Aufwand, das betriebliche Gesundheitsmanagement sicherzustellen und schafft damit freie Ressourcen.

Die individuell zugeschnittenen Präventionsprogramme und die enge Fallführung durch das Case Management führen nicht nur zu einer hohen Akzeptanz der Betroffenen, sondern auch zu einem positiven Image der BKK Salzgitter als „Kümmerer", so die Expertin. Von diesem verbesserten Ruf profitieren außerdem auf die Leistungsanbieter, die im Netzwerk beteiligt sind. Sie qualifizieren sich durch ein besonderes Leistungsspektrum sowie eine gute Qualität (z. B. spezielle indikationsbezogene Kurse und Angebote der Trainingsstudios der Salzgitter AG für Versicherte) und können sich damit von der Konkurrenz in der Region absetzen. Auf die speziellen Angebote werden auch andere Kassen aufmerksam, sodass zusätzliche Kunden akquiriert werden, erläutert die Expertin. Neben diesem Zuwachs zeigt sich eine höhere Kundentreue bei den Leistungsanbietern. Oftmals werden auch über das Präventionsprogramm Kurse oder Leistungen vom gleichen Partner aufgrund der hohen Zufriedenheit angenommen.

Die beteiligten Partner und Akteure können sich also damit auszeichnen, zu den Netzwerkmitgliedern zu zählen. Sie profitieren von etablierten Strukturen, zusätzlichen Möglichkeiten im Rahmen des betrieblichen Gesundheitsmanagements und einem positiven Image in der Region. Hinzu kommen eine intensivere Kommunikation, feste Ansprechpartner und der gegenseitige Austausch, durch den auch weitere Projekte und Konzepte entstanden sind.

Tabelle 10: Nutzenkriterien für die Netzwerkmitglieder (BeReKo)

Zeit & Ressourcen
Klare und erreichbare Ansprechpartner durch das Case Management des BKK MedPlusCenters sparen Zeit.
Die Übernahme des Betrieblichen Gesundheitsmanagements durch das Netzwerk spart Ressourcen im eigenen Unternehmen.
Strukturierte Abläufe durch das modulare Rehabilitationskonzept geben Orientierung für alle beteiligten Organisationen und vermeiden zusätzlich notwendige Absprachen.
Finanzen
Die Qualität der Arbeit im Unternehmen steigt: Mitarbeiter arbeiten effizienter und versuchen krankheitsfördernde Fehler zu vermeiden. Die Absentismus- und Präsentismusquoten können gesenkt werden, was unmittelbare betriebswirtschaftliche Relevanz hat.
Verringerte Krankheitsfälle, geringere Krankengeldzahlungen sowie verminderte Frühberentungen können zu Einsparungen für die beteiligten Sozialversicherungen führen.
Das frühzeitigere Screening gefährdeter Mitarbeiter und der zeitnahe Beginn von Rehamaßnahmen verhindert bzw. reduziert Fehlzeiten und kann eine schnellere Arbeitswiederaufnahme ermöglichen. Das steigert die Produktivität im Unternehmen und reduziert die Kosten für die beteiligten Sozialversicherungen.

Die leistungssteigernden Präventionsprogramme können zu geringeren Kosten für Heil- und Hilfsmittel bei den Krankenkassen führen.
Wissen & Kompetenz
Der Austausch im Netzwerk ermöglicht ein gegenseitiges „Befruchten" mit Ideen, durch die z. B. weitere Projekte bzw. Konzepte entstanden sind.
Das strukturierte, modulare Rehabilitationskonzept schafft Transparenz über die Abläufe und Strukturen (auch über die eigene Organisation hinaus).
Beziehung & Kultur
Es entsteht eine intensivere Kommunikation zwischen den Netzwerkbeteiligten als außerhalb des Netzes.
Kommunikative Probleme werden im Netzwerk durch klare Ansprechpartner vermieden.
Schnelle und verbindliche Rückmeldungen reduzieren nicht nur den Arbeitsaufwand, sondern auch den Frust, nichts zu erreichen.
Die Philosophie der Zusammenarbeit hat sich verändert: Unternehmen sehen Sozialversicherungen als Partner an, mit dem sie ein gemeinsames Ziel verfolgen.
Image und Wettbewerb
Netzwerkpartner können sich damit auszeichnen, Teil des Netzwerks zu sein, da die Beteiligung eine qualitativ hochwertige Arbeit voraussetzt.
Das erfolgreiche Case Management verschafft der BKK Salzgitter ein positives Image als „Kümmerer".
Leistungsanbieter als Kooperationspartner (wie z. B. das konzerneigene Fitnesscenter) setzen sich durch höheres Leistungsspektrum eine gute Qualität von der Konkurrenz in der Umgebung ab.
Auch andere Kassen werden auf das höhere Leistungsspektrum der Leistungsanbieter aufmerksam und sorgen für eine zusätzliche Kundenakquise.
Es wird eine hohe Kundentreue bei den Leistungsanbietern erreicht, indem oftmals Angebote auch über das Präventionsprogramm hinaus in Anspruch genommen werden.

6.2.2   Nutzen auf System-/ Patientenebene

„Netzwerke sind nicht nur eine, sondern die Lösung im Gesundheitswesen", so die Expertin. Indem verschiedene Partner zielgerichtet für ein Projekt an einen Tisch gebracht werden, können sie gesellschaftlichen Problemen gemeinsam entgegen treten und für alle Partner etwas Sinnhaftes aufbauen. Im Mittelpunkt und als Teil des Netzwerks steht der Versicherte, das macht die Expertin sehr deutlich.

Ziel des regionalen Netzwerks ist es primär nicht, mögliche Kosten einzusparen, sondern die Versorgung zu optimieren, um so dem Betroffenen in seiner Krankheitslast eine Unterstützung zu bieten. Außerdem koordiniert das Netzwerk Wege, die bisher parallel gelaufen sind und Schnittstellenverluste hatten. Im Rahmen des betrieblichen Gesundheitsmanagements ist das Netzwerk erfolgreich, das zeigen sowohl die subjektive Einschätzung der Expertin als auch erste wissenschaftlich evaluierte Ergebnisse.

Der wesentliche Benefit durch das betriebliche Rehabilitationskonzept besteht zunächst in der gesundheitlichen Verbesserung der Versicherten. Als Arbeitnehmer können sie mit Hilfe von defizitorientierten Reha-Maßnahmen ihren insbes. körperlich anstrengenden Arbeitsanforderungen besser gerecht werden, sind effizienter und versuchen, krankheitsfördernde Fehler zu vermeiden (z. B. Fehlhaltungen). Die Ergebnisse der Evaluation der funktionellen Leistungsfähigkeit (EFL – s. dazu *Kap. 6.2.2*) nach Abschluss der drei-monatigen Trainingsphase belegen die messbare Verbesserung der arbeitsplatzbezogenen Leistungsfähigkeit. (Vgl. Jacobs et al. 2013, S. 289)

Neben der Steigerung des körperlichen Wohlbefindens lernen die Beteiligten in dem Präventionsprogramm auch ihre Schmerzen sowie ihrer gesundheitlichen Leistungsfähigkeit besser selbst einzuschätzen. Beides konnte empirisch mit der EFL-Messung nachgewiesen werden. Die individuellen, arbeitsplatzbezogenen Angebote werden von den beteiligten Versicherten sehr gut angenommen. Die Motivation, auch nach dem absolvierten Programm weiter zu trainieren, ist sehr hoch (75-80 %). Das liegt auch daran, dass sich der Benefit für die Versicherten nicht nur im beruflichen Kontext sondern auch im Alltag ergibt, (z. B. angepasstes Trage- und Hebeverhalten). Die Expertin spricht dabei von einer verbesserten „Lebensbalance", in Abkehr zu dem kritisch betrachteten Begriff „Work-Life-Balance". Die Arbeit ist unmittelbarer Bestandteil des Lebens und steht ihm nicht entgegen. (Vgl. Jacobs et al. 2013, S. 289)

Über den einzelnen Versicherten hinaus konnte durch das Netzwerkprojekt eine strukturelle Verbesserung der Versorgung erreicht werden. Dazu gehören zunächst das Case Management als individuelle Fallführung, zusätzlich eingeführte diagnostische und therapeutische Angebote im Rahmen des betrieblichen Gesundheitsmanagements sowie die Unterstützung in der Arbeitsplatzanpassung (z. B. Ergonomieanpassungen) im Unternehmen. Außerdem sorgen die beteiligten Sozialversicherungen im Netzwerk für kürzere und unkompliziertere Antrags- und Genehmigungsprozesse für Reha-Maßnahmen. Auch die Leistungspartner bieten eine verkürzte Wartezeit für diagnostische Abläufe und Therapiemaßnahmen. Das führt insgesamt zu einem früheren und nahtloseren Rehabilitationsverlauf und zeigt positive Langzeiteffekte. Nicht zuletzt wird dadurch die Prognose zum Erhalt des Arbeitsplatzes deutlich erhöht.

Ganz im Sinne des Mottos „Gemeinsam sind wir stark" könne durch die effiziente Zusammenarbeit deutlich mehr erreicht werden, als durch eine einzelne Organisation, so die Expertin.

Tabelle 11: Nutzenkriterien für die Gesundheitsversorgung (BeReKo)

Versorgungsstruktur
Versicherte erhalten eine enge Fallbegleitung durch das im Netzwerk etablierte Case Management.
Bereits für gesundheitsgefährdete Mitarbeiter werden modulare Präventions- und Rehabilitationsleistungen im Netzwerk angeboten.
Die hohe Nachfrage nach dem Rehabilitationskonzept führt zur Ausweitung des Leistungsspektrums von einzelnen Anbietern.
Verhältnis-Änderungen werden unterstützt: z. B. Ergonomieanpassungen im Unternehmen (wie Trage- und Hebeentlastungen) oder arbeitsplatzbezogene Anpassungen (wie rückenschonendere Sitzmöglichkeiten).

Versorgungsprozess
Screening und Diagnostik gesundheitsgefährdeter Mitarbeiter setzen deutlich früher ein.
Wege, die bisher immer parallel gelaufen sind und dadurch Schnittstellenverluste hatten, werden koordiniert und zusammengeführt.
Die Wartezeit für diagnostische Abläufe und Therapiemaßnahmen beträgt maximal 15 Tage.

Versorgungsergebnis
Eine Verminderung des Beschwerdebilds bzw. objektive Verbesserung der arbeitsplatzbezogenen und funktionellen Leistungsfähigkeit wird durch den EFL-Test nachgewiesen (z. B. bessere Lastenhandhabung, verbesserte Arbeitshaltung, Zunahme der Rücken-/Bauch- und Rumpfmuskulatur, verbesserte Herz-Kreislauf-Situation, Reduzierung des Body-Mass-Index) (vgl. Jacobs et al. 2013, S. 289-290).
Es konnte eine Verbesserung des subjektiven Schmerzempfinden nachgewiesen werden (vgl. Jacobs et al. 2013, S. 289-290).
Es konnte eine Verbesserung der Selbstbeurteilung der körperlichen Leistungsfähigkeit nachgewiesen werden (vgl. Jacobs et al. 2013, S. 289-290).
Eine hohe Akzeptanz des Rehabilitationskonzepts wird bei den beteiligten Versicherten erreicht.
Der Arbeitgeber erhält motiviertere und leistungsstärkere Mitarbeiter.
Fehlzeiten, Krankheitsfälle, Arbeitsunfähigkeit und Frühberentungen können reduziert werden.
Die Prognose zum Erhalt des Arbeitsplatzes ist durch die gute Zusammenarbeit der Netzwerkpartner (Unternehmen, Arbeitsmedizin, Sozialversicherungen etc.) deutlich erhöht.
Die Versicherten zeigen eine hohe Motivation, auch nach dem absolvierten Programm weiter zu trainieren (Quote liegt nach zwei Jahren zwischen 75-80 %) (vgl. Jacobs et al. 2013, S. 289-290).
„Lebensbalance": Benefit ergibt sich für die Versicherten nicht nur im beruflichen Kontext, sondern auch im Alltag (z. B. angepasstes Trage- und Hebeverhalten).
Eine Reduzierung von Komorbidäten konnte nachgewiesen werden (z. B. Gewichtsreduktion).

6.2.3   Evaluationsmethodik

Das Netzwerk BeReKo wird evaluiert durch die Arbeitsmedizin der Salzgitter AG und das Ambulante Reha Centrum Braunschweig. Außerdem erfasst die BKK Salzgitter bestimmte wirkungsbezogene Kennzahlen durch die Kranken- und Rentenversicherungen (z. B. Arbeitsunfähigkeitszeit, Krankengeldbezugsdauer, Frühberentung etc.).

Im Modul A (gefährdete oder erkrankte, aber noch nicht arbeitsunfähige Versicherte) werden sowohl zu Beginn der Maßnahmen als auch nach Abschluss des dreimonatigen intensiven Präventionsprogramms arbeitsplatzbezogene Screening-Tests durchgeführt. Die Evaluation der funktionellen Leistungsfähigkeit

(EFL) untersucht mit standardisierten diagnostischen Verfahren die Belastbarkeit für häufige Arbeitsabläufe, wie z. B. Handkoordination, Heben und Tragen, Arbeiten über Kopf, länger andauernde Haltungen, etc. Neben ergonomischen Beobachtungen werden auch das Verhalten, klinische Befunde und körperliche Einschränkungen sowie standardisierte Berichtsformate mit in die EFL-Testung einbezogen (vgl. Jacobs et al. 2013, S. 287-288).

Der abschließende EFL-Test lässt nicht nur Rückschlüsse zur arbeitsplatzbezogenen Belastbarkeit zu, sondern auch zur Beurteilung der Effektivität des Präventionsprogramms. Zum Zeitpunkt der ersten Auswertung im Mai 2013 belegten die Testergebnisse von 69 Versicherten (4 Frauen, 65 Männer) den Erfolg des präventiven Ansatzes. Nach diesen Ergebnissen bestätigen Jacobs et al. zwar die Effektivität des individuellen, arbeitsplatzbezogenen Programms durch das Netzwerk, konstatieren aber gleichzeitig die geringe Fallzahl zum damaligen Auswertungszeitpunkt. Zur besseren Validierung der Untersuchung können weitere Auswertungen vorgenommen werden. (Vgl. Jacobs et al. 2013, S. 289-290)

Kritisch wird im Experteninterview angemerkt, dass sich Effekte von Frühinterventionen nur schwer evaluieren lassen. Zunächst sind Investitionen in zusätzliche Versorgungsstrukturen notwendig. Ob in 5 bis 10 Jahren eine geringere Krankheitslast in der Umgebung aufgezeigt werden kann, ist nach Aussage der Expertin fraglich. Hinzu kommt der noch sehr kurze Betrachtungszeitraum mit Projektbeginn 2010.

Außerdem plädiert die Expertin dafür, den Blick nicht ausschließlich auf wissenschaftlich evaluierbare Kosteneffekte zu richten, sondern vielmehr auch weitere Vorteile des Versorgungsaspektes für den Nutzen von Netzwerken mit in die Diskussion einzubeziehen.

6.3   Bremer Forum Demenz

Tabelle 12: Netzwerkbeschreibung (Bremer Forum Demenz)

Versorgungsbereich	Versorgungssituation von Menschen mit Demenz und deren Angehörige
Reichweite	Stadt Bremen
Akteure	Mitarbeiterinnen und Mitarbeiter von unterschiedlichen Trägern und Einrichtungen, wie • Wohlfahrtsverbände und private Träger • ambulante Dienste und stationäre Pflegeeinrichtungen Weitere Kooperationspartner: • Amt für Soziale Dienste (kommunale Ebene) • Referat Ältere Menschen (Senatorin für Soziales/Landesebene)
Entstehung	Mitte/Ende der 90er Jahre erfolgte ein Zusammenschluss engagierter Mitarbeiter bei ambulanten und stationären Pflege-Einrichtungen.
Organisationsgrad	Das Netzwerk stellt einen freiwilligen Zusammenschluss der Netzwerkpartner dar. Die organisatorische Betreuung erfolgt durch die unabhängige Demenz Informations- und Koordinationsstelle Bremen. Projektbezogen wird das Netzwerk durch das Land Bremen finanziell gefördert.
Ansprechpartner	Unabhängige Demenz Informations- und Koordinationsstelle in Bremen
Ziel & Konzept	Im Fachgremium Bremer Forum Demenz haben sich Mitarbeiter von unterschiedlichen Trägern und Einrichtungen aus Bremen zusammengeschlossen, um sich inhaltlich auszutauschen und die Versorgungssituation von Menschen mit Demenz und deren Angehörige in Bremen zu verbessern. Konkret bedeutet das: • Bei der Planung, dem Aufbau und der Weiterentwicklung eines integrierten Betreuungs- und Behandlungsangebotes für demenziell Erkrankte und deren Angehörige in unterschiedlicher Trägerschaft mitzuwirken und die zuständigen Entscheidungsträger hinsichtlich der Erfüllung dieser Aufgaben zu beraten und zu begleiten, • Die Zusammenarbeit der verschiedenen Träger auf diesem Gebiet in der Stadt Bremen zu fördern, • Über die Situation demenziell erkrankter Menschen und ihrer Angehöriger in der Öffentlichkeit aufzuklären und Akzeptanz zu schaffen. Das Bremer Forum Demenz initiiert, plant und führt verschiedene Projekte durch, zur Zeit sind das: • Die Neuauflage des Bremer Handbuchs Demenz, • Die Organisation des zweijährlich stattfindenden Bremer Fachtags Demenz, • Die Beteiligung an der Planung einer Bremer Demenz-Gala.

Die Zunahme an Demenz erkrankter Menschen in Deutschland stellt eine gesamtgesellschaftliche Herausforderung dar. Gerade hier ist das Zusammengreifen von Gesundheits- und Sozialwesen entscheidend, um die Versorgung Demenzkranker und ihrer Angehörigen zu unterstützen. Dieser Aufgabe widmet sich das „Bremer Forum Demenz", auf Initiative einiger ambulanter und stationärer Pflegeeinrichtungen in den 90er Jahren.

Innerhalb der Stadt Bremen bilden Wohlfahrtsverbände, private Träger, ambulante Dienste und stationäre Pflegeeinrichtungen einen freiwilligen Zusammenschluss. Durch Kooperation mit dem Amt für Soziale Dienste auf kommunaler Ebene und dem Referat für Ältere Menschen auf Landesebene ist auch die Politik eingebunden. Eine Institutionalisierung des Forums ergibt sich durch die unabhängige Demenz Informations- und Koordinationsstelle in der Stadt Bremen, die seit 2003 die organisatorische Betreuung des Netzwerks übernimmt.

Aufgabe des Bremer Forum Demenz ist der Aufbau und die Weiterentwicklung eines integrierten Betreuungs- und Behandlungsangebots für Demenzkranke und ihre Angehörigen. Dazu berät und betreut das Netzwerk Entscheidungsträger, fördert die Zusammen-arbeit unterschiedlicher Akteure in diesem Bereich und trägt gleichzeitig zur Aufklärung und Akzeptanz dementiell erkrankter Menschen in der Öffentlichkeit bei. Konkret werden aktuell z. B. ein Bremer Handbuch Demenz neuaufgelegt, indem alle regionalen Dienste und Einrichtungen verzeichnet sind. Außerdem wird ein jährlicher Bremer Fachtag Demenz und eine Bremer Demenz-Gala organisiert.

Die erfolgreichen Aktivitäten und Projekte des Forums geben dem Netzwerk nicht nur seine Daseinsberechtigung, sondern führten außerdem zu einer projektbezogenen Förderung durch das Land Bremen. Der verantwortliche Kooperationspartner dafür ist der Senat für Altenhilfe Bremen, der für das Experteninterview zur Verfügung stand, um Aussagen über den Nutzen des Netzwerks machen zu können. Datengrundlage der Fallstudie bilden:

- Experteninterview mit Heike Ulrich, Senatorin für Ältere Menschen, Bremen
- Satzung des Bremer Forum Demenz
- Homepage der Demenz Informations- und Koordinationsstelle Bremen

6.3.1   Nutzen auf Organisationsebene

Vernetzung wird von der befragten Expertin als eine mögliche Lösung für die Herausforderungen in der Gesundheitsversorgung beschrieben. Die Bereiche Soziales und Gesundheit sind systemisch voneinander getrennt und sollten in der Praxis abgestimmt und zusammengedacht werden. Dabei wird erwähnt, dass im Unterschied zum Gesundheitswesen Netzwerkarbeit im Sozialwesen längst als notwendig erachtet wird und deutlich weiter ausgeprägt ist. Das Bremer Forum Demenz versucht genau diese Lücke zu schließen und soziale und gesundheitliche Aspekte zusammen zu denken.

Im weitesten Sinne ist die Netzwerkarbeit für die Expertin ein Ausdruck von Qualität. Diese ergibt sich zum einen auf Systemebene, in dem „Strukturen weiterentwickelt, verändert und Arbeitsprozesse abgestimmter ablaufen". Zum anderen kommt die Netzwerkarbeit auf individueller Ebene „auch dem Patienten zugute".

Ein wesentlicher Faktor des organisationsspezifischen Nutzens ist der regelmäßige Austausch der verschiedenen Netzwerkpartner. Aktuelle Informationen können sowohl „von oben nach unten als auch von unten nach oben" gewonnen werden, meint die Expertin. So erfahren Einrichtungen und Dienstleister Neuerungen aus der Politik und Verwaltung und gleichzeitig fördert das Netzwerk die Informations-rückgabe aus der Praxis bzw. direkt von der Basis.

Die fachliche Beteiligung und Expertise im Netzwerk trägt nicht nur zur Verbesserung der Situation Demenzkranker bei, sondern hat auch unmittelbare Auswirkungen auf die einzelne Organisation. Die gemeinsame Gestaltung von Arbeitsprozessen erleichtert die Arbeit der Netzwerkmitglieder erheblich. Beispielhaft wird im Expertengespräch aufgeführt, dass Einrichtungen Ratsuchende an die eingerichtete Demenz Informations- und Koordinationsstelle sowie an eine telefonische „Helpline" verweisen können.

Einzelne Einrichtungen können in dem Forum ihre spezifischen Probleme äußern und profitieren von der Mitwirkung in den einzelnen Arbeitsgruppen o. ä. Außerdem sind sie als „verantwortliche Mitgestalter für Versorgungsstrukturen und -prozesse mit im Boot, was auch für die eigene Arbeit motiviert", wird im Interview festgestellt.

Darüber hinaus wirkt sich die verbindliche Mitgestaltung im Bremer Forum Demenz vorteilhaft auf das Unternehmensimage aus, da mit der Teilnahme und den Materialen des Netzwerks geworben werden kann. Eine jährliche Großveranstaltung, bei der die Netzwerkmitglieder positiv in der Öffentlichkeit dargestellt werden sowie ein regelmäßig erscheinendes Handbuch, in der ambulante und stationäre Einrichtungen mit ihren Besonderheiten beschrieben werden, komplettieren die positive Außendarstellung.

Nicht zuletzt hat das Forum aufgrund der erfolgreichen Netzwerkarbeit erreicht, dass die Landesbehörde Bremen das Netzwerk projektbezogen fördert, sodass neue Möglichkeiten der Zusammenarbeit entstehen.

Tabelle 13: Nutzenkriterien für die Netzwerkmitglieder (Bremer Forum Demenz)

Zeit & Ressourcen
Einrichtungen können Ratsuchende an die eingerichtete Demenz Informations- und Koordinationsstelle sowie eine telefonische „Helpline" verweisen.
Finanzen
Eine regelmäßige projektbezogene Förderung über die Landesbehörde konnte aufgrund erfolgreicher Netzwerkarbeit initiiert werden.
Wissen & Kompetenz
Aktuelle Informationen werden sowohl von oben nach unten als auch von unten nach oben weitergegeben (z. B. Neuerungen aus der Politik und Verwaltung an die Basis sowie die Informationsrückgabe von der Basis an die Politik).
Ein fachlicher, niederschwelliger Austausch im Netzwerk fördert das gegenseitige Wissen.
Beziehung & Kultur
Ein regelmäßiger Austausch stärkt das Verständnis der unterschiedlichen Netzwerkakteure füreinander.
Die gemeinsame Gestaltung von Arbeitsprozessen wirkt sich positiv auf die Beziehung im Netzwerk aus.
Einzelne Einrichtungen können in dem Forum ihre spezifischen Probleme äußern und eine Lösung dafür aktiv mitgestalten.
Einrichtungen sind als verantwortliche Mitgestalter von Versorgungsstrukturen und -prozessen mit im Boot, was auch für die eigene Arbeit motiviert.
Image und Wettbewerb
Alle 2 Jahre wird eine große Informationsveranstaltung („Fachtag Demenz") in der Öffentlichkeit unter Beteiligung der Politik angeboten, die auch die positive Darstellung der Netzwerkbeteiligten stärkt.
Das Handbuch Demenz als Information für die Öffentlichkeit wird regelmäßig überarbeitet. Hierin werden die im Forum beteiligten ambulanten und stationären Einrichtungen mit ihren speziellen Ausprägungen und Angeboten für Demenzkranke vorgestellt.
Einrichtungen, die verbindlich im Bremer Forum Demenz beteiligt sind, können mit ihrer Teilnahme daran sowie den dazugehörigen Materialien werben.

6.3.2   Nutzen auf System-/ Patientenebene

Das Thema Demenz gelangt zunehmend in die Öffentlichkeit und mit ihm auch bestehende Problematiken. Mögliche Lösungen für gegenwärtige Versorgungslücken sind in vielen Bereichen Diskussionsgegenstand. Diese Lücken zu schließen, in dem Entlastungs- und Versorgungsmöglichkeiten geschaffen oder ausgeweitet werden, ist durch das Bremer Forum Demenz laut der Expertin gelungen.

Die Arbeit im Forum nutzt den Netzwerkbeteiligten und führt zur Verbesserung der regionalen Demenzversorgung, was sich aus Sicht der Landesbehörde im Expertengespräch bestätigt: „Wenn sich Strukturen verändern, verändert sich auch die Angebotspalette. Sie wird größer und differenzierter, um am Ende für die Betroffenen passgenauere Angebote zu entwickeln". So ist in Bremen eine Zunahme von niedrigschwelligen Angeboten und die Ausweitung von Betreuungs- und Entlastungsmöglichkeiten im ambulanten Bereich zu beobachten. Speziell für Angehörige und Bezugspersonen gibt es eine professionelle Anlaufstelle, die „Demenz Informations- und Koordinationsstelle Bremen", in der sich Ratsuchende informieren können. Ob selbst aufgesucht oder durch eine Einrichtung vermittelt, bietet die Anlaufstelle u. a. Informationen zu medizinischen, pflegerischen und sozialrechtlichen Fragestellungen und kann auf ein breites Spektrum an regionalen Unterstützungsangeboten – insbes. der Netzwerkpartner – verweisen. Zudem kann die telefonische „Helpline" genutzt werden.

Profitieren können auch die stationären Einrichtungen, sagt die Expertin. Durch abgestimmte Versorgungsprozesse und eine gute Beratung können Krankenhauseinweisungen oder Pflegeheimaufenthalte vermieden werden. Begründet wird das im Interview mit dem Wissen der Hausärzte über ambulante Möglichkeiten der Versorgung und Entlastung bei demenzkranken Patienten.

Was dem einzelnen Ratsuchenden hilft, nutzt auch dem System. Im Gespräch mit der Expertin kristallisiert sich heraus, dass sich das Sozial- und Gesundheitswesen weiter entwickelt. „Das Forum reagiert immer wieder auf aktuelle Bedarfe", äußert die Befragte und versucht mit den Netzwerkbeteiligten regionale Lösungen für die Demenzversorgung zu erarbeiten. Bspw. ist die Einbindung von Selbsthilfegruppen ein wesentlicher Baustein, um Angehörigen eine zusätzliche Hilfestruktur durch Betroffene in gleicher Situation anzubieten.

Das Land Bremen verspricht sich von dem Netzwerk einen großen Erfolg, sodass eine projektbezogene Förderung regelmäßig zugesagt wird, die am Ende der regionalen Gesundheitsversorgung zugutekommt.

Tabelle 14: Nutzenkriterien für die Gesundheitsversorgung (Bremer Forum Demenz)

Versorgungsstruktur
Wenn sich Strukturen verändern, verändert sich auch die Angebotspalette. Sie wird größer und differenzierter.
Das Forum führt zur Zunahme niedrigschwelliger Angebote im Betreuungsbereich und im ambulanten Bereich.
Eine Ausweitung von Betreuungsleistungen und Entlassungsmöglichkeiten konnte erreicht werden.
Durch das Netzwerk ist es gelungen, immer wieder auf aktuelle Bedarfe von Demenz zu reagieren und Entlastungs- und Versorgungsmöglichkeiten zu schaffen oder auszuweiten, die letztlich das System weiterentwickeln.

Versorgungsprozess
Die Abstimmung eines gemeinsamen Vorgehens wird als „informeller Standard" und Qualitätsvereinbarung aufgefasst.
Versorgungsergebnis
Die Versorgungssituation von Demenzkranken wird verbessert.
Die Informationsweitergabe und Aufklärung von Betroffenen und Angehörigen sowie weiteren Beteiligten erhöht sich.
Durch eine differenzierte Angebotspalette im Demenzbereich werden für die Betroffenen passgenauere Angebote geschaffen.
Für Angehörige gibt es eine professionelle Anlaufstelle (Demenz Informations- und Koordinationsstelle).
Über eine telefonische „Helpline" können Angehörige für Angehörige Entlastung schaffen (Selbsthilfe).
Durch abgestimmte Versorgungsprozesse und gute Beratung können Krankenhauseinweisungen oder Pflegeheimaufenthalte vermieden werden, weil z. B. der Hausarzt andere Möglichkeiten der Entlastung und Versorgung bei demenzkranken Patienten kennt.

6.3.3   Evaluationsmethodik

Bisher sind im Bremer Forum Demenz keine Netzwerkevaluationen vorgenommen worden. Begründet wird dies u. a. mit der eher aufwendigen Messbarkeit qualitativer Kriterien. Hinzu kommen die unterschiedlichen und zum Teil differierenden Interessen der beteiligten Netzwerkpartner, sodass eine gemeinsame Evaluation – zumindest zum gegenwärtigen Zeitpunkt – als nicht realistisch eingeschätzt wird.

Ungeachtet dessen lassen sich laut der Expertin einige quantitative Kriterien nennen, die messbare Indikatoren für einen Netzwerknutzen darstellen. Beispiele dafür sind die steigende Anzahl an Netzwerkbeteiligten sowie demenzbezogener Hilfsangebote in Bremen, die durch das Netzwerk initiiert wurden.

6.4   Gesundes Kinzigtal (IVGK)

Tabelle 15: Netzwerkbeschreibung (IVGK)

Versorgungsbereich	Integrierte Gesundheitsversorgung ambulanter und stationärer Leistungsanbieter mit Schwerpunkt sekundärpräventiver Vorsorge- und Gesundheitsprogramme für Patienten und Angehörige.
Reichweite	Region Kinzigtal
Akteure	An der Integrierten Gesundheitsversorgung in der Region sind weit mehr als 200 Menschen direkt und indirekt beteiligt. Darunter 92 Leistungspartner aus Medizin und Pflege: • Niedergelassene Ärzte und Therapeuten (69), • Kliniken und Krankenhäuser (6), • Ambulante Reha-Einrichtungen (1), • Pflegeheime (11), • Pflegedienste und Sozialstationen (5). Darüber hinaus 59 Kooperationspartner aus weiteren Bereichen: • Sport- und Kulturvereine (37), • Fitness-Studios (5), • Sonstige Partner wie z. B. Rheuma Liga (5), • Dienstleister/ Friseure (5), • Dienstleister/ Fußpflege (7). Investitionen in die Gesundheitsversorgung brauchen ein stabiles wirtschaftliches Fundament. Im Rahmen eines sog. „Einsparcontracting" sind auch die Krankenkassen (AOK Baden-Württemberg und LKK Baden-Württemberg) entscheidende Partner.
Entstehung	Die Gesundes Kinzigtal GmbH wurde 2005 als Gesellschaft aus 35 regionalen Ärzten und einem Gesundheitswissenschaftler gegründet. Ein Jahr später wurde im Rahmen der Integrierten Versorgung das Ärztenetz erweitert und mit zwei Krankenkassen die Idee geboren, mit Leistungspartnern zusätzliche präventive Leistungen anzubieten.
Organisationsgrad	Die Gesundes Kinzigtal GmbH besteht aus zwei Gesellschaftern, dem Medizinischen Qualitätsnetz - Ärzteinitiative Kinzigtal (MQNK) und der auf Integrierte Versorgung spezialisierten OptiMedis AG. Die organisatorischen und planerischen Aufgaben übernimmt eine Geschäftsstelle aus 30 Voll- und Teilzeitkräften. Unterstützt werden sie bei medizinischen Fragen von einem ärztlichen Beirat und bei Fragen zur Mitgliederbeteiligung von einem Patientenbeirat. Finanziert wird das Unternehmen u. a. durch einen Abschlag der Krankenkassen und einer Art „Gesundheitsdividende", wenn die höhere Qualität und die erfolgreiche Prävention zu geringeren Gesamtkosten für deren Versicherte führen, als sonst in Deutschland.
Ansprechpartner	Geschäftsstelle der Gesundes Kinzigtal GmbH
Ziel & Konzept	Unter dem Motto: „Qualität, Ethik und Wirtschaftlichkeit lassen sich unter einen Hut bringen!", ist Ziel die Gesundheit und Qualität der Versorgung im Kinzigtal zu optimieren. Dazu bietet das Netzwerk u. a. • Angebote von Veranstaltungen und Kurse zu Sport, Bewegung, Ernährung und Wissen in Zusammenarbeit mit den unterschiedlichen Partnern, • Integrierte Versorgungsprogramme und spezielle Gesundheits-programme, die in regelmäßigen Abständen auf ihre Wirksamkeit überprüft werden (Starkes Herz, Gesundes Gewicht, etc.), • Angebote im Bereich Betriebliches Gesundheitsmanagement (BGM) für Unternehmen und • Fort- und Weiterbildungen für Gesundheitsberufe über die netzwerkeigene Gesundheitsakademie Kinzigtal.

Die Integrierte Versorgung Gesundes Kinzigtal (IVGK) stellt ein etabliertes Versorgungsnetz aus unterschiedlichsten Akteuren des regionalen Gesundheitswesens dar. Zunächst aus einem Ärztenetzwerk 2005 entstanden, setzen sich mittlerweile über 200 Menschen aus Leistungsanbietern aus den Bereichen Medizin, Pflege, Kultur und Sport dafür ein, die Gesundheitsversorgung im Kinzigtal zu optimieren. Dazu werden Vorsorge- und Gesundheitsprogramme angeboten und die Vernetzung der Leistungspartner koordiniert.

Das besondere Konzept der Managementgesellschaft Gesundes Kinzigtal GmbH besteht darin, dass die Investition in zusätzliche präventive Strukturen und Angebote durch die AOK Baden-Württemberg sowie die LKK Baden-Württemberg teilweise refinanziert werden. Dazu wurden langfristige Versorgungsverträge mit beiden Kassen abgeschlossen. Anhand einer wissenschaftlichen Begleitforschung konnte eine höhere Gesundheitseffizienz durch das integrierte Gesundheitsversorgungssystem nachgewiesen werden. Indem die höhere Qualität und erfolgreiche Prävention auch zu geringeren Gesamtkosten für die Versicherten (im Vergleich zu den durchschnittlichen Gesamtkosten deutschlandweit) führt, zahlen die Krankenkassen einen patientenbezogenen Abschlag sowie einen Anteil der erreichten Gesundheitsdividende an das Netzwerk.

Das im Kinzigtal strukturell verankerte Netzwerk verschiedener regionaler Leistungserbringer über Berufs- und Sektorengrenzen hinaus, weist daher nicht nur eine höhere Qualität, sondern auch eine höhere Effizienz der Versorgung auf. Für die Fallstudie wurden folgende Belege herangezogen:

- Experteninterview mit Dr. Monika Roth, Abteilungsleitung Verwaltung und Forschung in der Gesundes Kinzigtal GmbH
- Zwei Evaluationsberichte (2010 und 2011) und Publikationen der eigens eingerichteten Evaluations-Koordinierungsstelle Integrierte Versorgung (EKIV) an der Abteilung für Medizinische Soziologie der Universität Freiburg
- 2012 veröffentlichte Ergebnisse einzelner Präventionsprogramme ("PsychoAkut", "Starkes Herz", ÄrzteplusPflege" sowie "Starke Muskeln - Feste Knochen")
- Homepage der Gesundes Kinzigtal GmbH

6.4.1   Nutzen auf Organisationsebene

Grundsätzlich definiert die Expertin Netzwerkerfolg als Grad der Zielerreichung. Ob ein Nutzen entsteht, hängt also zwangsläufig von der gemeinsam vereinbarten Zielsetzung ab. Im Kinzigtal galt von Anfang an die anspruchsvolle Maxime, Qualität, Ethik und Wirtschaftlichkeit unter einen Hut zu bringen, also nicht nur die Versorgung der Patienten zu verbessern, sondern sie gleichzeitig auch ökonomischer zu gestalten.

Ganz zu Beginn wird im Expertengespräch als Erfolg die Verwirklichung von Idealismus genannt. Die Leistungserbringer, wie z. B. niedergelassene Ärzte, haben mehr Zeit für ihre Patienten, was laut Expertin nicht zu unterschätzen ist. In einem stark ökonomisch gestalteten System wirkt die zusätzlich zur Verfügung gestellte Zeit positiv auf den berufsständischen Idealismus helfender Berufe. Die Zufriedenheit und Motivation steigt, was unmittelbare Auswirkungen auf die Behandlungs- und Versorgungsqualität hat.

Der Zeitgewinn resultiert insbes. aus einer besonderen Zusatzvergütung für „Add-On Performance" im Netzwerk. Neben der Regelvergütung in der Gesundheitsversorgung können Netzwerkmitglieder über erweiterte Maßnahmen programmbezogen oder stundenweise orientierte Add-On-Vergütungen über den Kostenträger abrechnen. Jede zusätzliche Zeit, die für ein Programm dem Patienten zur Verfügung gestellt wird und nicht durch die Regelversorgung abgedeckt ist, wird somit zusätzlich („add on") vergütet. Die IVGK hat damit die oftmals ineffizienten Schnittstellenbrüche überwunden und eine über Sektorengrenzen hinweg gehende Finanzierungs- und Vergütungsform geschaffen.

Weiterhin profitieren die im Netzwerk beteiligten Institutionen u. a. von kostenlosen oder günstigeren Fort- und Weiterbildungsangeboten sowie organisatorischer Unterstützung. Beispielhaft wurde im Interview ein „Patensystem" aufgezeigt, dass neuen und jungen ärztlichen Kollegen im niedergelassenen Bereich im ersten Jahr einen Ansprechpartner zur Verfügung stellt. Sowohl in fachlichen als auch in organisatorischen Fragen, wie z. B. bei der Abrechnung, kann das Wissen und die Erfahrung des Kollegen genutzt werden, was nicht zuletzt die Arbeitszufriedenheit deutlich steigert. Das Netzwerk übernimmt außerdem eine organisatorische Unterstützungsfunktion bei Aufgabe oder Übergabe einer Arztpraxis, z. B. aufgrund des Alters. Das hilft nicht nur den beteiligten Ärzten, sondern stellt gleichzeitig einen Sicherstellungsmerkmal für die regionale ärztliche Versorgung dar.

Die berufs- und sektorenübergreifenden Veranstaltungen und der regelmäßige Austausch im Netzwerk „erschafft und verstetigt eine gemeinsame Kultur", betont die Expertin. Über das zusätzlich gewonnene Wissen entsteht ein gegenseitiges Verständnis. So können Leistungserbringer die Sichtweise von Kostenträgern, Berufen anderer Professionen, Vereinen und weiteren beteiligten Organisationen kennenlernen. Die Berichte und der Austausch fördert das Miteinander in der alltäglichen Arbeit, „vieles läuft einfacher, informeller – kurz und schmerzlos", heißt es im Interview.

Auch den Krankenkassen kommt die erreichte Qualitätsverbesserung zugute. Nach dem erfolgten Strukturaufbau der regionalen Gesundheitsversorgung in den ersten Jahren des Netzwerks zeigen sich sowohl für die AOK- Versicherten als auch für die Versicherten der LKK steigende Deckungsbeiträge (vgl. Siegel & Stößel 2011, S. 5).

Insgesamt wird im Expertengespräch deutlich, dass die IVGK quantitative und qualitative Benefits für die Netzwerkmitglieder generiert (vgl. dazu Siegel & Stößel 2011, S. 24-27). Über die evaluierten quantitativen Wirkungen sind auch subjektive Nutzen entscheidend, so die Expertin, wie z. B. die „Kultur". Basis einer ergebnisorientierten Netzwerkarbeit ist die Entwicklung einer gemeinsamen Ziel- und Wertevorstellung, die erst einen gegenseitigen Benefit ermöglicht und am Ende auch beim Patienten ankommt.

Tabelle 16: Nutzenkriterien für die Netzwerkmitglieder (IVGK)

Zeit & Ressourcen
Durch einen ökonomischen Benefit haben die Leistungserbringer mehr Zeit für den einzelnen Patienten.
Ein Ansprechpartner bzw. ärztlicher Pate erspart Zeit durch das vermittelte Wissen, u. a. in der Abrechnung.
Netzwerk bietet eine organisatorische Unterstützung bei Veränderung oder auch Übergabe einer (Arzt-)Praxis, z. B. bei Renteneintritt.
Finanzen
Netzwerkteilnehmer verbleiben ganz normal in ihrer Regelvergütung (entweder SGB V oder SGB XI) und können über erweiterte Maßnahmen (Netzwerkarbeit) programmbezogen oder stundenweise orientierte „Add-On-Vergütungen" über den Kostenträger abrechnen.
Bei 77 % der Hausärzte und 44 % der Fachärzte haben sich finanzielle Vorteile für die eigene Praxis ergeben (vgl. Siegel & Stößel 2010, S. 8-10).
Als Gesellschaftmitglied des Netzwerks ergibt sich ein zusätzlicher ökonomischer Benefit über eine Gesellschafterausschüttung.
Kostenlose oder -günstige Fort-und Weiterbildungsangebote stehen über das Netzwerk zur

Verfügung.
Wissen & Kompetenz
Die Beteiligten erhalten mehr und aktuelleres Wissen im Netzwerk (z. B. durch kontinuierlichen Austausch, Fortbildungen).
Das Netzwerk bietet kontinuierliche sektorenübergreifende Fort- und Weiterbildungen an.
Durch Workshops etc. können Leistungserbringer die Sichtweise von Kostenträgern erfahren.
Es entsteht ein Wissenstransfer durch erfahrene (ärztliche) Kollegen im Netzwerk.
Ein „Patensystem" für neue und junge ärztliche Kollegen im niedergelassenen Bereich im ersten Jahr wurde eingeführt.
Einmal im Jahr findet ein operativ-strategisches Kennenlernen und Austauschen im Netzwerk durch ein gemeinsames Treffen aller Netzwerkpartner statt.
67 % der Leistungserbringer (73 % der Haus- und Fachärzte) geben an, dass sich durch das Netzwerk der Info-Austausch mit anderen Leistungserbringern vorteilhaft entwickelt hat (vgl. Siegel & Stößel 2010, S. 8-10).
Beziehung & Kultur
Das Verständnis füreinander steigt: Austausch und Berichte über und durch andere Professionen, auch in Zusammenarbeit mit den Kostenträgern ermöglicht einen Perspektivwechsel.
Das „Patensystem" für neue und junge ärztliche Kollegen stärkt nicht nur die Arbeitszufriedenheit, sondern auch das Verhältnis untereinander.
Über die Hälfte der Leistungspartner bestätigt eine verstärkte Zusammenarbeit im Netzwerk.
Das gegenseitige Kennen und Austauschen erschafft und verstetigt eine gemeinsame „Kultur".
Die zusätzliche zur Verfügung gestellte (Behandlungs-)Zeit stärkt den berufsständischen Idealismus, dem Patienten adäquat „helfen" zu können. Hierdurch steigt die Zufriedenheit und Motivation.
Image und Wettbewerb
Das Projekt hat einen hohen Bekanntheitsgrad in der Region und eine steigende Nachfrage erreicht.
94 % der Leistungserbringer würden wieder Mitglied im Netzwerk werden und eine Mitgliedschaft weiterempfehlen (vgl. Siegel & Stößel 2010, S. 8-10).
Auf nationaler und internationaler ist das Projekt aufgrund der begleitenden Evaluationsergebnisse anerkannt.
Die große Reputation und das Expertenwissen im Rahmen der Integrierten Versorgung werden von anderen Organisationen angefragt.

6.4.2   Nutzen auf System-/ Patientenebene

Dass eine Verbesserung der regionalen Gesundheitsversorgung durch das integrierte Versorgungsnetz erreicht werden konnte, bestätigt sich sowohl im Expertengespräch als auch in den zahlreichen Evaluationsergebnissen.

So nimmt die zusätzlich zur Verfügung gestellte (Behandlungs-)Zeit einen unmittelbaren Einfluss auf das Behandlungsergebnis. Gemeinsame Zielvereinbarungen zwischen Arzt und Patient und die verstärkte Einbeziehung des Patienten in den Versorgungsprozess („Shared Decision Making") äußern sich, laut Expertin, in der Therapietreue und Patientenzufriedenheit. Das bestätigen auch die Evaluationsergebnisse (vgl. Siegel & Stößel 2010, S. 8-10). Außerdem wird die

Gesundheitskompetenz („Health literacy"[10]) gefördert, Krankenhauseinweisungen werden vermindert und Drehtüreffekte vermieden, fasst die Expertin zusammen.

In der Praxis zeigt sich das signifikant an den indikationsbezogenen Gesundheits- und Präventionsprogrammen (u. a. „Psychotherapie-Akut", „Starkes Herz"; s. *Kap 6.4.3.*), die extern evaluiert werden. Bei psychischen Erkrankungen sinkt so z. B. die Anzahl an Akuteinweisungen, bei Herzinsuffizienz-Patienten steigt die Überlebens- rate und bei Osteoporose sinkt das Frakturrisiko. Im Expertengespräch werden die nachgewiesenen Vorteile als „lebensqualitätsfördernde Aspekte" bezeichnet. (Vgl. dazu IVGK 2012a, 2012b, 2012c, 2012d)

Neben den Benefits aus den zusätzlichen Programmen und Angeboten ist auch die verstärkte Kooperation der IVGK-Leistungspartner mit Erfolgen verbunden. Z. B. konnten bei geriatrischen Patienten Arzneimittelkonsile und Fallkonferenzen im Netzwerk implementiert werden, die durch die gezielte Überprüfung von Medikamenten-Wechselwirkungen zu einer angepassteren medikamentösen Einstellung im ambulanten Bereich geführt haben.

Klares Ziel der IVGK ist auch, die regionale Versorgung effizienter zu gestalten. Die Expertin macht deutlich, dass die Patientenversorgung im Kinzigtal 148 € günstiger sei, als in den übrigen Regionen Baden-Württembergs. Die Einsparungen bestätigen sich auch anhand der vorliegenden Evaluationsstudien. Die Krankenhauskosten sanken z. B. bei dem Programm „ÄrztePlusPflege" um 30 %. Die Behandlungskosten für Osteoporose-Patienten konnten um rund 450 € reduziert werden. Wichtig anzumerken ist, dass die Einsparungen erfolgen, ohne dabei Abstriche in der Versorgungsqualität machen zu müssen, was 64 % der Leistungspartner in einer Befragung bestätigen. (Vgl. Siegel & Stößel 2011, S. 13f., 20)

Tabelle 17: Nutzenkriterien für die Gesundheitsversorgung (IVGK)

Versorgungsstruktur
Angebot zusätzlicher (indikationsbezogener) Gesundheits- und Präventivprogramme in der Region.
Einführung von Arzneimittelkonsilen und Fallkonferenzen bei geriatrischen Patienten, u. a. zur Anpassung der Medikation im niedergelassenen Bereich.
Versorgungsprozess

---

[10] „Health Literacy" stellt ein noch recht junges Konzept innerhalb der Gesundheitsförderung dar. In der englischsprachigen Literatur wird die gesteigerte Gesundheitskompetenz mit positiven gesundheitlichen und sozialen („health and social outcomes") Effekten verbunden, die WHO benennt Health Literacy sogar als ein entscheidendes Gesundheitsziel. (Vgl. dazu Nutbeam 2000)

Die organisatorische Unterstützung bei Veränderung oder auch Übergabe einer (Arzt-)Praxis ist ein Sicherstellungsmerkmal der ambulanten ärztlichen Versorgung in der Region.

Der Patient wird mitverantwortlich für seine Gesundung in den Versorgungsprozess einbezogen (z. B. durch Shared Decision Making).

Bei einer psychischen Krise stellt das integrierte Versorgungsprogramm eine Krisenintervention bzw. einen Therapietermin innerhalb einer Woche sicher (vgl. IVGK 2012a).

Die Zunahmen stationärer (Krankenhaus-)Aufenthalte aufgrund psychischer Erkrankungen konnte reduziert werden (1,23 % Zunahme statt 11,57 % im übrigen Baden-Württemberg) (vgl. IVGK 2012a).

Vermeidung von Drehtüreffekten, z. B. bei Herzinsuffizienzpatienten, die in die Dekompensation rutschen.

Versorgungsergebnis

Eine gute Patiententreue wird durch zusätzliche Beratungs- und Betreuungszeit (als Folge der „Add-On-Vergütung") erreicht.

In der Interaktion mit dem Patienten wird im Netzwerk vermehrt die Qualität der Versorgung fokussiert (z. B. durch Shared Decision Making).

Gemeinsame Zielvereinbarungen mit dem Patienten fördern die „Health Literacy" (Gesundheitskompetenz).

Die gemeinsamen Zielvereinbarungen zwischen Arzt und Patient wirken sich positiv auf die Therapietreue aus (vgl. Siegel & Stößel 2010, S. 8-10).

Die Zufriedenheit mit der hausärztlichen Versorgung wird durch Patienten geringfügig höher als außerhalb der Netzwerks bewertet (vgl. Siegel & Stößel 2010, S. 8-10).

Die durch Patienten subjektiv bewertet körperliche Lebensqualität ist geringfügig höher als außerhalb des Netzwerks (vgl. Siegel & Stößel 2010, S. 8-10).

Eine engere Zusammenarbeit zwischen Ärzten und Pflegekräften in stationären Pflegeeinrichtungen (u. a. monatliche Visiten, geriatrische Assessments, erweiterte Rufbereitschaft, zahlreiche Fortbildungsangebote) zeigte einen signifikanten Rückgang (- 31 %) von Krankenhaus-einweisungen der Heimbewohner im Kinzigtal und damit auch der Krankenhauskosten um knapp 30 % bzw. 2.047 € pro Person (vgl. IVGK 2012b).

Die Medikation (im niedergelassenen Bereich) ist angepasster (z. B. durch die Überprüfung der Medikamenten-Wechselwirkungen, insbes. bei geriatrischen Patienten im Rahmen von im Netzwerk eingeführten Arzneimittelkonsile und Fallkonferenzen).

Die Prävalenz der meisten untersuchten Ziel-Indikationen im Kinzigtal stiegen langsamer an oder ging deutlich zurück als bei der Vergleichsgruppe. So konnte z. B. bei einer koronaren Herzkrankheit eine offenkundige Unterversorgung mit der Verordnung mit Statinen (+ 41 %) verringert werden (vgl. Siegel & Stößel 2011, S. 13f., 20).

Der Anstieg von Notfallbehandlungen war im Kinzigtal geringer als im übrigen Baden-Württemberg (8 % statt 11 %) (vgl. Siegel & Stößel 2011, S. 13f., 20).

Im Kinzigtal verringerte sich der Anteil von Versicherten mit Pflegestufe um 5%, in Baden-Württemberg erhöhte er sich um 5 % (vgl. Siegel & Stößel 2011, S. 13f., 20).

Rund 98 % würden das AGiL-Programm weiterempfehlen und die überwiegende Mehrheit der Befragten konnte die Empfehlungen zur gesunden Ernährung und körperlichen Aktivität bereits umsetzen (vgl. Siegel & Stößel 2011, S. 31-33).

Die Auswertung von GKV-Routinedaten zeigte, dass das AGiL-Programm bei den Teilnehmern eine Veränderung des gesundheitsrelevanten Verhaltens begünstigt (z. B. gesündere Ernährung, erhöhtes Engagement in Vereinen und Gruppen) (vgl. Siegel & Stößel 2011, S. 31-33).

Ein verstärktes Monitoring von kardiologischen Risikopatienten (u. a. durch Einsatz von Case Management) führte zu einer höheren Überlebensrate der Programmteilnehmer (Verdopplung) im Vergleich zu einer Kontrollgruppe (vgl. IVGK 2012d).

Die Therapiekosten von kardiologischen Risikopatienten war war zwar bei Programm-Einschreibung zunächst teurer, konnten aber je Programmteilnehmer innerhalb von sechs Quartalen um 31,7 % (300 € pro Patient) im Verhältnis zur Kontrollgruppe gesenkt werden (vgl. IVGK 2012d).

Die Krankenhauskosten für psychische Erkrankungen waren im Kinzigtal seit Beginn des Programms um 3,22 % rückläufig (vgl. IVGK 2012a).

Das multimodulare Präventionsprogramm für Patienten mit Osteoporose konnte das Frakturrisiko signifikant reduzieren (22,4 % erhalten im Kinzigtal eine Frakturdiagnose, 30 % bei der Vergleichsgruppe) (vgl. IVGK 2012c).

Die Kosten für Patienten mit Osteoporose sanken vergleichsweise pro Kopf um rund 450 € innerhalb sechs Quartale (vgl. IVGK 2012c).
Im Kinzigtal ist die Patientenversorgung im Vergleich zu anderen Regionen Baden-Württembergs 148 € günstiger.
Geräte-Medizin ist in der Region reduziert (z. B. weniger Koronarangiographien mit Intervention).

6.4.3 Evaluationsmethodik

Um die Zielstellung der IVGK – Erreichung einer höheren Qualität bei gleichzeitig ökonomischerer Gestaltung der Versorgung – zu überprüfen, wurde viel Wert auf die Beurteilung der Qualitätsaspekte der Versorgung gelegt. Direkt zu Beginn ist ein umfangreiches Datenmanagement angelegt wurden, um von einem unabhängigen Forschungsinstitut fundierte Ergebnisse zu erhalten. Das Netzwerk hat damit erreicht, „dass die Evaluation der IVGK einmalig ist in der Geschichte der Integrierten Versorgung in Deutschland, denn nirgendwo sonst existiert für Projekte der Integrierten Versorgung eine derart umfangreiche und unabhängige Evaluation" (Siegel & Stößel 2011, S. 5).

Die eigens eingerichtete Evaluations-Koordinierungsstelle Integrierte Versorgung (EKIV) an der Abteilung für Medizinische Soziologie der Albert-Ludwigs-Universität Freiburg betreibt und koordiniert die wissenschaftliche Begleitforschung, über die bislang zahlreiche Publikationen und zwei umfangreiche Evaluationsberichte vorliegen (2010 und 2011). Beschrieben werden die aktuellen Evaluationsprojekte:

SDM-Studie: Anhand einer Kohortenstudie (bislang 3 Befragungen im Abstand von einem Jahr, mittels 1.205 auswertbaren Fragebögen) wurde die Versorgungsqualität hinsichtlich der Patientenzufriedenheit und -beteiligung an den Therapieentscheidungen (Shared Decision Making – SDM) untersucht (vgl. Siegel & Stößel 2010, S. 8-10).

ÜUF-Projekt: Fragestellung der Studie ist, ob Über-, Unter- und Fehlversorgung (ÜUF) im Vergleich zum übrigen Baden-Württemberg reduziert werden kann und die Versorgungsqualität dadurch steigt. Dazu wurden für den Zeitraum von 2004-2008 die GKV-Routinedaten von im Kinzigtal wohnenden AOK- und LKK-Versicherten (27.038 AOK/ 1.637 LKK) mit einer baden-württembergischen Kontrollgruppe mit ähnlicher Alters- und Geschlechtsverteilung (460.414 AOK/ 14.455 LKK) verglichen (vgl. Siegel & Stößel 2011, S. 8f.). Bei selbstkritischer Trendinterpretation des kurzen Beobachtungszeitraums von fünf Jahren, konnten zahlreiche Ergebnisse nachgewiesen werden (vgl. Siegel & Stößel 2011, S. 13f., 20).

PeGL-Projekt: Zur Prozessevaluation werden nach dem Design einer Kohorten- bzw. Trendstudie die IVGK-Leistungspartner (PeGL) zunächst jährlich und seit 2012 zweijährlich nach ihrer Zufriedenheit und Kooperation im Gesunden Kinzigtal befragt (vgl. Siegel & Stößel 2011, S. 22).

AGiL-Projekt: Die Prozess- und Ergebnisstudie zur Evaluation der Effektivität und Effizienz des Programms „Aktive Gesundheitsförderung bei alten Menschen im Kinzigtal" (AGiL) konnte erste Ergebnisse aufzeigen, ist aber noch nicht abgeschlossen. Bis 2009 nahmen 361 Programmteilnehmer (76 %) und 450 Nicht-Teilnehmer (29 %) an einer standardisierten Befragung teil (vgl. Siegel & Stößel 2011, S. 30-33).

Signifikante wissenschaftliche Ergebnisse konnten durch externe Evaluation indikations-spezifischer Programme erreicht werden. Darunter sind bis zum jetzigen Stand:

- **„Psychotherapie-Akut"** (vgl. IVGK 2012a)
- **„Starkes Herz"** (vgl. IVGK 2012d)
- **„ÄrztePlusPflege"** (vgl. IVGK 2012b).
- **„Starke Muskeln-Feste Knochen"** (vgl. IVGK 2012c)

Die Expertin merkt an, dass eine Restgröße schwer messbare Kriterien und Nutzenfaktoren bleibt, die in ihrer Wertigkeit nicht unterschätzt werden darf. Dazu wird die „Health Literacy" bzw. Gesundheitskompetenz erwähnt, die einen positiven Effekt auf das Behandlungsergebnis hat.

Kritisch wird im Expertengespräch auch der Aspekt der Erwartungen angesprochen. Im Kinzigtal ist mit dem integrierten Netzwerk mittlerweile eine hohe Erwartung verbunden, sowohl von den Leistungspartnern als auch von den Patienten. In der Beurteilung der Versorgungsqualität kann die höhere Erwartung zu einem schlechteren Ergebnis der subjektiven Bewertung führen. Das müsse bei zukünftigen Befragungsergebnissen berücksichtigt werden, so die Expertin.

6.5   Gesundheitskonferenz Essen (GKE)

Tabelle 18: Netzwerkbeschreibung (GKE)

Versorgungsbereich	Kommunale Versorgungsstrukturen des Essener Gesundheitssystems Fokus der Fallstudie: Patientenüberleitung
Reichweite	Stadt Essen
Akteure	Die Gesundheitskonferenz Essen hat 29 Mitgliedsorganisationen und 34 Mitglieder: • Anbieter gesundheitlicher Leistungen und ihre Vertretungen: Kassenärztliche Vereinigung, Kassenzahnärztliche Vereinigung, 3 Krankenhäuser, Universitätsklinikum Essen, AG der freien Wohlfahrtspflege, AG private Pflegedienste, Ärztekammer, Zahnärztekammer, Apothekerverband, Psychotherapeutenkammer • Kostenträger: AOK Rheinland/Hamburg, BKK Novitas für die AG der AG der Essener BKKen, Knappschaft-Bahn-See , IKK classic, Barmer-GEK für AG der Essener Angestelltenkrankenkassen, • Selbsthilfe, Patientenschutz, Gruppen mit spezifischen Bedarfen: Wiese e.V. Kontaktstelle für Selbsthilfe, Gleichstellungsstelle, AG Selbsthilfe Behinderter, Verbraucherzentrale NRW, Beratungsstelle Essen, Essener Netzwerk der Patientenfürsprecher, Integrationsrat, • Gesundheitspolitik und -verwaltung: Initiative Essen forscht und heilt, B90/Die Grünen, CDU, EBB, FDP, Die Linke, SPD, Geschäftsbereichsvorstand Jugend, Bildung und Soziales, Gesundheitsamt, Gesundheitsberichterstattung
Entstehung	Auf Grund der Vorerfahrungen in der Kooperation im Rahmen der Essener Gesundheitsfachgespräche fand die konstituierende Sitzung der Gesundheitskonferenz Essen im März 1999 statt.
Organisationsgrad	Durch das Gesetz für den öffentlichen Gesundheitsdienst vom 25.11.1997 wurde die Gesundheitskonferenz als kommunales Planungs- und Konferenzsystem eingeführt. Am 20. August 1999 regelten die Ausführungsbestimmungen des Landes Einzelheiten - auch zur Zusammensetzung. Im September 2000 wurde eine Geschäftsstelle eingerichtet.
Ansprechpartner	Geschäftsstelle im Gesundheitsamt Essen
Ziel & Konzept	Die Essener Gesundheitskonferenz beschäftigt sich mit wichtigen Schwerpunktthemen des Essener Gesundheitswesens. Zu diesen Bereichen werden Arbeitsgruppen gebildet, die die Aufgabe haben, den aktuellen Stand darzustellen, Ziele zu formulieren, Defizite zu benennen und Handlungsempfehlungen zu geben. Folgende Schwerpunktthemen werden und wurden bisher behandelt: • Palliativversorgung und hospizliche Begleitung, • Arbeitslosigkeit und Gesundheit, • Alter und Gesundheit, • Gesundheit und Migration, • Brustkrebs, • Essener Standard MRE (multiresistente Erreger), • Patientenüberleitung in Essen, • Projekt Nichtrauchen!, • Kinder und Gesundheit, • Patientenberatung, • Sucht und Abhängigkeit.

Die Gesundheitskonferenz Essen versteht sich als Plattform zur Kooperation und Abstimmung der regionalen Gesundheitsversorgung und ist damit Mittler zwischen Praxis und Politik. Auf kommunaler Ebene strukturell verankert, vernetzt die Gesundheitskonferenz die wesentlichen Akteure im Gesundheitswesen. Im Mittelpunkt der Arbeit stehen Probleme, die „nur durch die Zusammenarbeit mehrerer Institutionen und aus der gemeinsamen Verantwortung für das Essener Gesundheitswesen sinnvoll gelöst werden können" (Gesundheitskonferenz Essen 2015, S. 4).

Bereits 1997 wurde die Gesundheitskonferenz durch das Gesetz für den öffentlichen Gesundheitsdienst eingeführt und nach Zustandekommen einzelner Ausführungsbestimmungen des Landes 2001 mit Zielen, Aufgaben und Arbeitsweisen geregelt. Das kommunale Planungs- und Konferenzsystem besteht aus der Konferenz beauftragter Arbeitsgruppen wichtiger Akteure des Gesundheitsbereichs, der Geschäftsstelle und der Gesundheitsberichterstattung (vgl. Gesundheitskonferenz Essen 2015, S. 2).

Neben regelmäßiger gemeinsamer Tagungen werden Schwerpunktthemen in Arbeitsgruppen bearbeitet und Handlungsempfehlungen erstellt. Beispielhaft wurde für die Fallstudie der Schwerpunkt Patientenüberleitung ausgewählt, der 2004 entstand und sich unmittelbar mit den Schnittstellen in der Gesundheitsversorgung befasst. Im Zuge der DRG-Einführung wurden die Auswirkungen des neuen Abrechnungssystems diskutiert und die Entwicklung einer Essener Leitlinie Überleitungsmanagement konsentiert. Gesundheits- und Pflegekonferenz legten – zum ersten Mal gemeinsam – mit einer Praktikergruppe 2006 den Leitfaden „Patientenüberleitung in Essen – Kommunikation und Kooperation an den Schnittstellen" vor und empfahlen allen Beteiligten die Einführung.

Mit den entwickelten Überleitungsinstrumenten arbeiten mehr als 50 % aller Essener Einrichtungen (alle Krankenhäuser, über 2/3 aller Pflegeheime & -dienste, Reha-Einrichtungen und mehrere Arztpraxen). Mittlerweile bestehen die regionalen Konferenzen zur Patientenüberleitung aus 320 Teilnehmern. (Vgl. Gesundheitskonferenz Essen 2015, S. 7-8).

Die positiven Ergebnisse der Patientenüberleitung konnten mit zwei umfangreichen Evaluationen 2008 und 2011 durch die Befragung der Netzwerkmitglieder und der Patienten bestätigt werden. Vom Essener Pflegetag erhielt das Projekt 2008 den Ehrenpreis und wurde in die Landesinitiative „Gesundes Land NRW" aufgenommen (vgl. Gesundheitskonferenz Essen 2015, S. 8). Für die Fallstudie wurde folgendes Datenmaterial verwendet:

- Experteninterview mit Ulrike Kramer, Leitung Sozialdienst/ Case Management, Uniklinikum Essen
- Abschlussbericht der Evaluation 2008 durch das Universitätsklinikum Essen
- Ergebnispräsentation der Evaluation 2011 der Gesundheitskonferenz
- Homepage der Gesundheitskonferenz Essen.

6.5.1 Nutzen auf Organisationsebene

Die Erfahrungen aus der Gesundheitskonferenz zeigen, dass durch die Vernetzung eine Menge erreicht werden kann, was ohne Netzwerkstrukturen niemals entstehen würde. Die Expertin äußert dazu: „Jeder Akteur hat seine Sichtweise und kann die auch einbringen. Aber vom Ergebnis her gedacht, kriegt man es nur zusammen hin." Betont wird aber auch, dass der Erfolg davon abhängt, ob die richtigen Akteure zusammengeführt werden.

V. a. das Zusammenführen verschiedener Beteiligter wird als positive Auswirkung geschildert, da sich so zu alltäglichen Frage- und Themenstellungen in unterschiedlicher Akteurs-Konstellation Gedanken gemacht wird. Die dort gewonnenen Kontakte können dann auch über die jeweilige Problematik hinaus weiterhelfen. Gerade der Wissenstransfer wird in der Evaluation hervorgehoben. 2008 bestätigten die Hälfte der Krankenhäuser/ Fachkliniken eine Verbesserung des Informationsaustauschs, in der ambulanten und stationären Pflege sind es ca. ein Drittel. 2011 äußern sogar 61 % der Einrichtungen und Praxen, dass sich der Informationsaustausch an den Schnittstellen in den letzten drei Jahren verbessert hat (vgl. Universitätsklinikum Essen 2008, S. 23).

Das stärkt darüber hinaus auch das Miteinander und außerhalb der eigenen Organisation das Verständnis dafür, wie und mit welcher Intention die einzelnen Netzwerkmitglieder arbeiten. „Dadurch bewegt man sich immer weiter aufeinander zu", wird im Expertengespräch bekräftigt.

Die positiven Effekte aus den regelmäßigen Kontakten und der entwickelten Beziehung nehmen auch Einfluss auf das eigene Unternehmensimage. Deutlich gemacht wird dies am Beispiel des Universitätsklinikums, das sich entgegen eines

„elitären Außenbildes" im kommunalen Netzwerk auf Augenhöhe mit den einzelnen Netzwerkpartnern begegnet. Die Zusammenführung der vielen Akteure hat damit gleichzeitig einen imagesteigernden Effekt auf das Universitätsklinikum Essen.

Bei regelhafter Nutzung der erarbeiteten Patientenüberleitungsinstrumente konnte eine erhebliche Arbeitserleichterung erreicht werden, was die Expertin anführt und sich ebenfalls in einer Befragung der Netzwerkmitglieder zeigt. „Eine Entlastung der zuständigen Kräfte, wie sie mit dem Projekt angestrebt wird, wird von einem Drittel der Befragten bestätigt (11 von 33) und von mehr als einem weiteren Drittel als mäßig stark empfunden" (Universitätsklinikum Essen 2008, S. 23). Die einheitlichen Strukturen, Abläufe und Instrumente erreichten eine Zeitersparnis und vermieden gleichzeitig kostenintensive Prozessbrüche, wie Doppeluntersuchungen und Drehtüreffekte. Die frühzeitige Identifikation komplexer Versorgungssituationen kann durch das eingeführte Assessment, das im Sinne einer multiprofessionellen Einschätzung durch den ärztlichen und pflegerischen Dienst im Rahmen einer gemeinsamen Visite realisiert wird, unmittelbar die Verweildauer beeinflussen. Eine Verweildauersteuerung wird v. a. durch die verbesserte Informationsweitergabe und eine frühzeitige Erhebung des poststationären Versorgungsbedarfs erreicht und hat unmittelbare positive (finanzielle) Auswirkungen im Universitätsklinikum.

Der dadurch gesetzte Standard in der Patientenüberleitung stellt ein Qualitätskriterium dar, das sich außerdem positiv auf die Reputation des Klinikums auswirkt und nicht zuletzt ein wichtiger Aspekt bei Zertifizierungen sein kann.

Tabelle 19: Nutzenkriterien für die Netzwerkmitglieder (GKE)

Zeit & Ressourcen
Zeitersparnis durch einen einheitlichen Überleitungsbogen und die frühzeitige Erhebung überleitungsrelevanter Kriterien wird erreicht.
Die Arbeitserleichterung durch die Überleitungsinstrumente bewerten 11 von 33 Netzwerkmitglieder als Entlastung ihrer zuständigen Kräfte, mehr als ein weiteres Drittel empfindet die Entlastung mäßig stark (vgl. Universitätsklinikum Essen 2008, S. 23).
Einheitliche Strukturen (Abläufe, Instrumente) stellen bei regelhafter Nutzung (gerade für neue Mitarbeiter) eine Orientierung dar und erleichtern die adäquate Überleitung.
Zeitintensive Rückfragen an den Vorbehandler werden durch den geregelten Informationsfluss vermieden.
Durch die Bereitstellung und Nutzung der Patientenüberleitungsinstrumente als IT-gestützte Versionen wird eine Zeitersparnis bei der Überleitung erreicht.
Finanzen
Vermeidung von Doppeluntersuchungen, gerade bei Notfallaufnahmen, reduziert die Kosten für Diagnostik.
Vermeidung von kostenintensiven Prozessbrüchen, insbes. durch die verbesserte Informationsweitergabe (z. B. bei Heil- und Hilfsmitteln, Verbandsmaterialien oder MRE-

Behandlung).
Drehtüreffekte werden vermieden, indem eine gute Überleitung die stationäre Wiederaufnahmequote verringert.
Kosteneffekte ergeben sich durch die Einführung eines Assessments, das frühzeitig den poststationären Versorgungsbedarf erhebt und dadurch die Überleitung deutlich beschleunigt.
Wissen & Kompetenz
Die Hälfte der Krankenhäuser/Fachkliniken bestätigt in der Befragung eine Verbesserung des Informationsaustauschs, in der ambulanten und stationären Pflege ist es ca. ein Drittel (vgl. Universitätsklinikum Essen 2008, S. 23).
Die zusätzlichen Kontakte im Netzwerk können auch über die jeweilige Netzwerk-Problematik hinaus weiterhelfen.
Das Wissen über die Arbeitsweise und das Interesse an den anderen beteiligten Akteuren im Netzwerk wird verstärkt.
Beziehung & Kultur
Das Netzwerk stärkt das Miteinander, die Transparenz & das Verständnis untereinander, indem auch außerhalb der eigenen Organisation sichtbar wird, wie und mit welcher Intention der Einzelne arbeitet.
Trotz unterschiedlicher Interessen findet eine Begegnung auf „Augenhöhe" im Netzwerk statt.
Hohe Akzeptanz der gemeinsam abgestimmten Überleitungsinstrumente/ -strukturen: 80 % aller Essener Einrichtungen haben Ihre Beteiligung an dem Überleitungskonzept erklärt. 77 % der Netzwerkpartner und circa die Hälfte aller Essener Einrichtungen haben die Instrumente zum Zeitpunkt der Befragung (2008) umgesetzt (vgl. Universitätsklinikum Essen 2008, S. 23).
Image und Wettbewerb
Durch das gemeinsame Kennenlernen im Netzwerk werden alte Sichtweisen aufgeweicht und das Bild der Klinik gegenüber den Netzwerkpartnern kann sich verbessern.
Ein hoher Wiedererkennungswert ergibt sich durch die gemeinsam entwickelten und gelebten Strukturen im Netzwerk.
Netzwerkbeteiligte fungieren als Multiplikatoren.
Qualitätsstandards können durch die gemeinsame Entwicklung von Instrumenten und Abläufen eingehalten werden.

6.5.2   Nutzen auf System-/ Patientenebene

In Essen wird die entwickelte und umgesetzte Patientenüberleitung als echte Qualitätssteigerung der Gesundheitsversorgung erlebt. An dem Überleitungskonzept sind über 300 Akteure beteiligt, sodass eine Überleitung der Patienten zwischen den verschiedenen Versorgungsbereichen (u. a. Krankenhäuser, Rehakliniken, Pflegeeinrichtungen, ambulante Pflegedienste und Hausärzte) reibungsloser abläuft. Die strukturelle Weiterentwicklung stellt ein Qualitätsstandard dar, der durch die Verlässlichkeit im Netzwerk und die Implementierung von Überleitungs-verantwortlichen auch eingehalten werden kann.

Durch die Ressourcen und das Know-how im Netzwerk konnten zudem IT-gestützte Lösungen im Rahmen der Patientenüberleitung eingesetzt werden. Die Expertin erwähnt, dass „die Professionalität des Ausfüllens eine andere geworden ist". Von der technischen Innovation profitiert das gesamte Versorgungssystem.

Eine innovative und qualitative Überleitung führt auch zu Kosteneffekten, was im Expertengespräch ausgeführt wurde. Beispielhaft konnte die veränderte

Medikamentengabe im Krankenhaus und im späteren hausärztlichen Bereich enger aufeinander abgestimmt werden (bspw. Hausarzt muss dem Patienten erklären, warum die im Krankenhaus verordneten Medikamente nicht verwendet werden). Eine Thematisierung im Netzwerk und die Beteiligung der Kassenärztlichen Vereinigung im Netzwerk erreichten eine bessere Abstimmung der Medikation – insbes. zwischen Krankenhaus und Hausarzt – um unnötige Medikamentenkosten zu vermeiden.

Bei einer engen Verzahnung mit Hausärzten geht es auch darum, Doppel-untersuchungen zu vermeiden, indem gerade bei Notfall-Patienten vereinbart ist, Befunde mitzuliefern (wie EKG etc.), die dann nicht mehrfach durchgeführt werden müssen. Das bietet ein Einsparpotential für die einzelne Organisation (z. B. Krankenhaus) und letztlich auch für das Gesundheitssystem.

Weitere Kostenfaktoren stellen Heil- und Hilfsmittel, Verbandsmaterial, Wundversorgung und die Versorgung von MRE-Patienten dar. Alles Aspekte, so die Expertin, „wo wir im Laufe der Behandlung den Status mitteilen und das heißt – wenn man vom Gesundheitssystem her denkt – nicht alles wieder von vorne beginnt, nur weil ein Patient sektorenübergreifend verlegt wird." Durch eine gute Informations-weitergabe und die passgenauere Einleitung von Maßnahmen können Brüche vermieden und damit Kosten eingespart werden.

Natürlich ist eine adäquate Überleitung auch ein unmittelbarer Benefit für den Patienten und seine Angehörigen. Der Erhalt wesentlicher Informationen sowie eine gute Organisation der weiteren Versorgung sind unmittelbarer Garant für die Patientenzufriedenheit und die Steigerung von Lebensqualität. Bestätigt wurde das innerhalb der ersten Evaluation. 77 % der befragten Patienten (n=385) bewerten den Übergang vom Krankenhaus in die häusliche oder pflegerische Umgebung als gut (vgl. Universitätsklinikum Essen 2008, S. 20f.).

Hinzu kommt der hohe Wiedererkennungswert durch die gemeinsam entwickelten Instrumente sowie die gelebten Strukturen im Netzwerk: „Letztendlich ist es etwas Besonderes, auf kommunaler Ebene mit allen beteiligten Protagonisten einheitliche Strukturen zu entwickeln und auch zu leben", wird im Interview geäußert. Die Identifikation mit dem Netzwerk und der starke Innovationscharakter stellen einen hohen Anreiz für die Gesundheitskonferenz dar, auch weiterhin qualitativ hochwertige Konzepte zu entwickeln und damit kontinuierlich die regionale Versorgungssituation zu verbessern.

Tabelle 20: Nutzenkriterien für die Gesundheitsversorgung (GKE)

Versorgungsstruktur
Die Erarbeitung und Abstimmung von einheitlichen Strukturen auf kommunaler Ebene führt zur Akzeptanz und Anwendung auch in großen Unternehmen, wie dem Uniklinikum Essen.
IT-gestützte Lösungen werden durch die Ressourcen und das Know-how im Netzwerk verstärkt genutzt.
Hoher Anreiz für die Gesundheitskonferenz, qualitativ hochwertige Konzepte zu entwickeln.
Da sich der Ressourceneinsatz für die Gesundheitskonferenz lohnt (der Benefit deutlich ist), werden auch weitere Projekte/ Themen unterstützt.
Die kontinuierliche strukturelle Weiterentwicklung der Überleitung stellt ein gesetzter Standard in Essen dar.
Versorgungsprozess
Vermeidung von Versorgungsbrüchen durch das Überleitungskonzept.
Qualitätsstandards können durch die gemeinsame Entwicklung von Instrumenten und Abläufen eingehalten werden.
Die engere Abstimmung mit dem Nachbehandler (insbes. dem ambulanten Sektor) führte zur passgenaueren Einleitung von Maßnahmen und Vermeidung von Problemen, wie z. B. hinsichtlich Medikation, Heil- und Hilfsmittel, Infos über die MRE-Behandlung.
Versorgungsergebnis
Der Übergang vom Krankenhaus in die häusliche oder pflegerische Umgebung wird von 77 % der Patienten (n=385) als gut bewertet (vgl. Universitätsklinikum Essen 2008, S. 20f.).
Die Patienteninformation wird durch die Überleitung verbessert, sodass eine bessere Orientierung im Versorgungssystem gewährleistet wird.
Das Ziel eines nahtlosen Übergangs von einem Versorgungsbereich zum anderen kommt am Ende auch beim Patienten an.

6.5.3   Evaluationsmethodik

Die Patientenüberleitung in Essen lehnt sich konzeptionell an den „Expertenstandard Entlassungsmanagement in der Pflege" (vgl. dazu Deutsches Netzwerk für Qualitätsentwicklung in der Pflege 2009) an. Im Universitätsklinikum Essen wird über die vorgestellten Strukturen hinaus jeder Patient, für den eine ambulante Versorgung und/oder eine Homecare-Versorgung organisiert wurde,   48 Stunden nach Entlassung telefonisch anhand eines strukturierten Fragebogens befragt, ob die Überleitung geklappt hat, ob er zufrieden war oder ob etwas vergessen wurde. Ziel dabei ist, die Qualität der Entlassung zu messen und ggf. bei Bedarf noch einmal nachjustieren zu können.

Im Rahmen der Patientenüberleitung Essen wurden zwei Evaluationen vorgenommen. Bei der ersten Untersuchung war das Ziel, mit Hilfe einer Befragung aller Beteiligter in der Gesundheitskonferenz sowie der Patienten die Durchdringung und Effekte der Überleitung zu evaluieren. Die Untersuchung wurde durch das Institut für medizinische Informatik, Biometrie und Epidemiologie am

Universitätsklinikum Essen durchgeführt und „lieferte den Beweis, dass es sich gelohnt hat", so die Expertin. Zum einen wurden Einrichtungen und Praxen (Rücklauf N=109) im Hinblick auf die Verbreitung und die Wirksamkeit der Instrumente schriftlich befragt. Und zum anderen wurde eine Patientenbefragung mit (Rücklauf N=634) durchgeführt, um die Auswirkungen auf die Patientenversorgung zu ermitteln (vgl. dazu Universitätsklinikum Essen 2008).

Eine zweite Untersuchung (2011) machte deutlich, dass das Konzept ein Gewinn für alle Beteiligten darstellt. Durchgeführt von der Gesundheits- und Pflegekonferenz Essen, wurde die Auswertung vom Universitätsklinikum Essen vorgenommen. Insgesamt haben 78 Einrichtungen und 47 Arztpraxen einen Kurzfragebogen ausgefüllt (N=125) (vgl. Gesundheitskonferenz Essen/ Pflegekonferenz Essen 2011, S. 37).

Im Expertengespräch werden aber auch Grenzen der Evaluation angesprochen. So ist z. B. eine Bewertung der Kosten nach Aussage der Expertin nicht möglich. Begründet wird das mit den unterschiedlichen Finanzierungssystematiken der Versorgungsbereiche (z. B. DRG-Fallpauschalen im Krankhaus, Gebührenordnung der Hausärzte) und der damit auch unterschiedlichen Kostenbewertung.

6.6   Gesundheitsnetz Region Wedel (GRW)

Tabelle 21: Netzwerkbeschreibung (GRW)

Versorgungsbereich	Ambulantes Praxisnetz aus Haus- und Fachärzten
Reichweite	Region Wedel und Haseldorfer Marsch
Akteure	Alle regionalen Haus- und Fachärzte (54) aus den Bereichen: • Allgemeinmedizin (19) • Innere Medizin (8) • Allergologie (4) • Kardiologie (1) • Anästhesiologie (2) • Neurologie (3) • Augenheilkunde (1) • Orthopädie (3) • Chirurgie (1) • Pneumologie (1) • Gastroenterologie (1) • Proktologie (1) • Gynäkologie (6) • Psychiatrie (5) • Hals-Nasen-Ohren- • Sportsmedizin (2) Heilkunde (2) • Urologie (3) • Hautkrankheiten (3) Weitere Kooperationspartner: • Klinikum Wedel • Netzwerk Urologie Schleswig-Holstein-Süd • Cardiogo (kardiologischer eHealth-Service)
Entstehung	Gegründet im April 2000 auf Initiative eines niedergelassenen Arztes der Stadt Wedel
Organisationsgrad	Eingetragener Verein, seit September 2014 anerkannt als förderungswürdiges Praxisnetz durch die Kassenärztliche Vereinigung Schleswig-Holstein. Das Netzwerkmanagement wird extern durch die Gesellschaft für Gesundheitsökonomie & -management mbH Hamburg übernommen.
Ansprechpartner	Gesellschaft für Gesundheitsökonomie & -management mbH Hamburg
Ziel & Konzept	Das Gesundheitsnetz organisiert gemeinsame Fortbildungen, Patienten-seminare, Behandlungspfade über Haus- und Facharztpraxen bis hin zum Krankenhaus. Es wird Kontakt zu Apotheken, Pflegediensten und zu Altenheimen, ebenso wie zu den örtlichen Fitness-Einrichtungen gehalten. Das Ziel: Die Kooperation und Kommunikation muss reibungslos im Hintergrund laufen, damit die Patienten sicher und angemessen versorgt werden und sich gut aufgehoben fühlen. Das Netzwerk will insbes.: • Die Kommunikation zwischen den Vertragsärzten untereinander sowie zwischen Vertragsärzten und Krankenhäusern und anderen Leistungserbringern begünstigen, • Die Kooperation bei der Betreuung der Patienten fördern • Betriebswirtschaftliche Vorteile für das Vereinsmitglied durch ein Zusammenwirken ermöglichen • Fachübergreifende Fortbildung und Qualitätssicherung unterstützen Arbeitsgruppen: • Integrierte Versorgung/ DMP • Koronare Herzerkrankung/ Herzinsuffizienz • Fortbildungszertifizierung • Schmerztherapie/ Akupunktur • Integrierte Versorgung/ DMP, Asthma/ COPD • Kooperation anderer Netzwerke • Urlaubsplanung • KV-anerkannter Qualitätszirkel • Geriatrie • GOÄ/ Scannen Fortbildungspunkte

Das Gesundheitsnetz Region Wedel (GRW) stellt ein ausschließlich ärztliches Praxisnetz dar, bestehend aus niedergelassenen Haus- und Fachärzten. Aus der Initiative eines Arztes ist die Kooperation im Jahr 2000 entstanden und mittlerweile gehören alle 54 regionalen Haus- und Fachärzte dem Netzwerk an. Mit über 15 Jahren Erfahrung in der Zusammenarbeit konnte eine strukturelle Verankerung in der Region erreicht werden, die seit ca. einem Jahr auch durch die KV Schleswig-Holstein anerkannt und damit förderungswürdig ist.

Das Netzwerkmanagement wird extern von der Gesellschaft für Gesundheits-ökonomie & -management mbH Hamburg übernommen, in Person von Gabriele Prahl, die auch für das Interview bereit stand. Mit dem Blick über alle Netzwerkpartner und die strukturelle Verankerung – auch im Vergleich zu anderen initiierten und gesteuerten Ärztenetzen – wird das GRW als etabliert und erfolgreich beschrieben. Zum Zeitpunkt des Gesprächs existieren allerdings keine Analysen zur Wirkungsmessung. Für die Fallstudie wurden folgende Quellen mit einbezogen:

- Experteninterview mit der Netzwerkmanagerin, Gabriele Prahl, Gesellschaft für Gesundheitsökonomie & -management mbH Hamburg
- Vereinssatzung GRW
- Homepage GRW

6.6.1   Nutzen auf Organisationsebene

Als einer der wichtigsten Vorteile für die Netzwerkmitglieder wird von der Befragten beschrieben, „dass die Arztpraxis unmittelbar auftretende Wünsche oder Probleme an eine größere Gruppe herantragen kann", um „(...) gemeinsam Lösungen zu finden beziehungsweise dann auch Maßnahmen durchzusetzen". Als Netzwerkmitglied kann sich damit die einzelne Praxis besser Gehör gegenüber verschiedenen Organisationen verschaffen.

Das Netzwerk stellt außerdem eine Austauschplattform dar. So wird beispielsweise regelmäßig ein „Fortbildungskolleg" erstellt. Die verschiedenen Fort- und Weiterbildungen innerhalb des Netzwerks sprechen insbes. die nieder-gelassenen Praxen an. Daraus ergeben sich unmittelbare Effekte. Die Praxismitarbeiter müssen durch das regionale Angebot weniger reisen, haben einen verminderten Organisationsaufwand und geringere Ausgaben, da das Netzwerk die

Fortbildungskosten der Mitglieder trägt. Die dadurch häufigeren Fortbildungen führen laut Expertin nicht nur zu einem aktuelleren Wissenstand der Praxis-Mitarbeiter, sondern gleichzeitig auch zu deutlich motivierteren Mitarbeitern.

Ebenfalls positiv erwähnt die Expertin, dass Kontakte geknüpft und verstetigt werden: „Man nähert sich über Fortbildung und den Austausch an". Die Kontakte und der regelmäßige Austausch werden v. a. in der alltäglichen Arbeit als hilfreich beschrieben. So läuft die Patientenbetreuung und -behandlung abgestimmter in Prozessen, die die Beteiligung mehrerer Ärzte fordern, Vorgeschichten sind durch den erhöhten Informationsfluss oftmals bekannt, eine dringende Überweisung im Netzwerk wird vorrangig bearbeitet und Missverständnisse werden häufig vermieden oder unkompliziert geklärt.

Da die organisierten Veranstaltungen und Fortbildungen nicht nur Fach- und Hausärzte betreffen, sondern auch u. a. Krankenhäuser und geriatrische Ein-richtungen, verbessert sich die Kommunikation zu Vor- und Nachbehandlern in der Region. So wird beispielhaft für das Thema Wundmanagement im Experteninterview verdeutlicht, wie eine gemeinsame Veranstaltung von Haus-, Fach-, Krankenhaus-ärzten und Geriatern zu einer zielorientierten Zusammenarbeit geführt hat. Nicht zuletzt wurde dadurch eine gesteigerte Akzeptanz und Verständnis für die Arbeit des Anderen erreicht.

Das GRW wird auch zur Abstimmung von organisatorischen Abläufen genutzt, wie bspw. von Behandlungspfaden. Inhalte der Regelungen sind neben medizinischen Spezifika v. a. Arbeitsabläufe. So z. B. die verpflichtende Mitgabe von Unterlagen bei DMP-Patienten, was für die Arztpraxen als Informationsvorteil und Arbeits-erleichterung wahrgenommen wird.

Gerade die Abstimmung mit stationären Vorbehandlern, wie Krankenhäusern, beschreibt die Expertin als wirtschaftlichen Vorteil. Vermeidbare kostenintensive prä- und poststationäre Untersuchungen und Behandlungen konnten gesenkt werden, was unmittelbare positive Auswirkungen auf das vertragsärztliche Budget hat. Insgesamt versucht das GRW, laut der Expertin „für alle Beteiligten einen wirtschaftlichen Effekt (...) und einen ideellen Effekt zu erreichen", was nach jetzigem Stand gelungen sei.

Tabelle 22: Nutzenkriterien für die Netzwerkmitglieder (GRW)

Zeit & Ressourcen
Geringerer Zeitaufwand (Organisation, Anfahrt) für Fortbildungen aller Praxismitarbeiter.
Einfachere Kontaktaufnahme durch bekannte Akteure („man greift schnell zum Hörer").
Ein stetiger Austausch über das Netzwerk erleichtert den Informationsfluss zu Vorgeschichten und Behandlungsverläufen, gerade bei gemeinsamen Patienten.
Die Abstimmung von organisatorischen Abläufen (z. B. Behandlungspfade) spart Ressourcen.
In dringenden Fällen ist eine Überweisung der Patienten von Arztpraxis zu Arztpraxis durch das Netzwerk schneller möglich.
Finanzen
Die Fortbildungskosten der Praxismitarbeiter werden durch das Praxisnetz übernommen.
Am Beispiel Wundmanagement konnte eine Kosten-Ersparnis im vertragsärztlichen Budget durch die gemeinsame Fortbildung von Hausärzten, Krankenhausärzten und Geriatern erreicht werden.
Die einzelne Arztpraxis hat wirtschaftliche Vorteile, indem Sie im Netzwerk die potentiellen Zuweiser besser kennenlernt und immer darauf hinweisen kann, wann was nützlich und wirtschaftlich ist.
Wirtschaftlich untragbare Untersuchungen (z. B. Röntgen-Thorax) können im Einzelfall durch größere Praxen im Netzwerk übernommen werden.
Unnötige kostenintensive Leistungen (z. B. einige prästationäre Untersuchungen) vor oder nach Krankenhausaufenthalt werden durch gemeinsame Treffen zwischen Haus- und Krankenhausärzten vermieden. Es zeigen sich unmittelbare positive Auswirkungen auf das vertragsärztliche Budget.
Wissen & Kompetenz
Zusätzliche Fortbildungen werden im Praxisnetz ermöglicht, was einen aktuellen Wissenstand der Mitarbeiter sicherstellt.
Die Lerneffekte durch die regionalen Fortbildungen und Veranstaltungen betreffen auch fachfremde Inhalte und Fragestellungen.
Beziehung & Kultur
Kontakte werden geknüpft und verstetigt („Man nähert sich über Fortbildung und den Austausch an").
Das gegenseitige Kennenlernen verstärkt die Akzeptanz und Rücksichtnahme auf bestimmte praxisspezifische Abläufe der Kollegen.
Konflikte werden durch die gute Zusammenarbeit im Netzwerk vermieden.
Verbesserung der Kommunikation auch zu weiteren Kooperationspartnern, wie Vor- und Nachbehandlern (z. B. Krankenhäuser und geriatrische Einrichtungen).
Im Praxisnetz herrscht eine konstruktive Atmosphäre zur gemeinsamen Lösungsfindung und -durchsetzung.
Image und Wettbewerb
Gute Abläufe in der regionalen Arztversorgung führen zur höheren Patientenzufriedenheit mit der Arztpraxis.
Die einzelne Arztpraxis findet als Mitglied des Netzwerks deutlich besser Gehör, indem unmittelbar auftretende Wünsche oder Probleme an eine größere Gruppe herangetragen werden können.

6.6.2   Nutzen auf System-/ Patientenebene

Der Austausch und die Abstimmungen im GRW haben nicht nur einen Vorteil für die einzelne Arztpraxis als Netzwerkmitglied, sondern unmittelbare Auswirkung auf die regionale Gesundheitsversorgung. Der Nutzen zeigt sich durch optimierte organisatorische Abläufe zwischen den Arztpraxen, aber auch mit Vor- und Nach-behandlern. Regelmäßige Arbeitsgruppen und getroffene Verabredungen äußern sich in einer reibungsloseren Weiterleitung des Patienten, Vermeidung von Missverständnissen und unnötigen finanziellen Ausgaben.

Im Experteninterview wird dazu die Situation einer medikamentösen Umstellung im Krankenhaus illustriert. Nicht nur der Behandlungserfolg der Medikamenten-umstellung wäre fragwürdig, sondern gerade die Arzneimittelkosten für den ambulanten Bereich lägen unverhältnismäßig hoch. Laut Expertin herrscht „oft Unkenntnis der Krankenhäuser, was das für das Budget der Hausärzte im Arzneimittelbereich bedeutet". In dem konkreten Fall konnte in einer dazu vom Netzwerk initiierten Veranstaltung aufgeklärt werden. Verabredet wurde zwischen den Beteiligten, dass eine Medikamentenumstellung vor Krankenhausentlassung möglichst mit dem Hausarzt besprochen wird.

Die erreichte Kosteneinsparung spürt in diesem Fall nicht nur der Hausarzt, sondern wird zum Nutzen, der auch bei den Krankenkassen ankommt. Langfristig führen solche Verabredungen zur Optimierung der regionalen Versorgungsstrukturen, wovon letztlich unmittelbar der Patient profitiert. Absprachen im Netzwerk und ein entsprechender schriftlicher Vermerk bei Überweisung kann die Wartezeit bei dringendem Bedarf erheblich reduzieren, z. B. in manchen Fällen statt 4 Wochen nur 1-2 Tage, so die Expertin. Die gute Kommunikation und Koordination im Praxisnetz zeigt sich durch eine deutlich verbesserte Weiterleitung der Patienten: Hilfreiche Unterlagen werden mitgegeben, verabredete Behandlungspfade eingehalten und arztspezifische Besonderheiten berücksichtigt.

Resümierend stellt das GRW nicht nur einen Selbstzweck dar, sondern generiert einen Nutzen für die gesamte regionale Gesundheitsversorgung. „Es hilft allen Seiten und es ist ein Problemlöser für vieles", so die Expertin.

Tabelle 23: Nutzenkriterien für die Gesundheitsversorgung (GRW)

Versorgungsstruktur
Gute Abläufe werden auf die „Strukturen", bzw. die gesamte regionale Arztversorgung übertragen.
Bildung von regelmäßigen Arbeitsgruppen (z. B. zwischen Arztpraxen und Krankenhäusern) in denen Problemfälle besprochen und zur Lösung oft Strukturen angepasst werden.
Versorgungsprozess
Es werden Verabredungen mit weiteren Kooperationspartnern (wie Krankenhäusern) getroffen, die sichtlich die Nachsorge verbessern.
Abgestimmte Behandlungspfade optimieren ärztliche Leistungen und organisatorische Abläufe.
Die regionale Weiterleitung des Patienten von Arzt zu Arzt verläuft reibungslos, dank einer guten Kommunikation und Koordination im Praxisnetz.
Versorgungsergebnis
Der Patient hat den Vorteil im Netzwerk, dass er in dringenden Fällen schneller einen Termin

bekommt.
Dem Patienten werden oft Wege erspart, indem durch die Netzwerkkontakte vieles „auf dem kurzen Dienstweg" geklärt wird.
Durch die Erstellung von Behandlungspfaden oder der Förderung von DMP profitieren unmittelbar auch die Krankenkassen und letztlich zieht auch die Gesundheitsversorgung einen Nutzen daraus.

6.6.3   Evaluationsmethodik

Bisher wurden im GRW keine Daten über Auswirkungen systematisch erhoben und ausgewertet, sodass kein evaluiertes Datenmaterial vorliegt.

Regelmäßig abgefragt werden jedoch verschiedene Aspekte, die nach Aussage der Expertin als mögliche Indikatoren zur Überprüfung eines Nutzens dienen könnten. Als Beispiele werden genannt: Wartezeiten der Patienten auf Haus- und Facharzttermine, Zufriedenheit der Netzwerkmitglieder sowie die Teilnehmeranzahl auf Fortbildungen im Netzwerk.

Vorliegende Zahlen der Kassenärztlichen Vereinigung (KV), wie z. B. DMP-Vergleichsdaten können zwar mit verwendet werden, sind aber, wie im Expertengespräch deutlich wird, oftmals veraltet: „bis dahin interessiert es dann keinen mehr".

Hinzukommt eine kritische Anmerkung der Vergleichbarkeit verschiedener Datenlagen. Aufgrund unterschiedlicher Systemlogiken der Versorgungsbereiche (z. B. ambulant, stationär) lassen sich hier nur schwer Vergleiche ziehen. Nach Aussage der Expertin ist eine Zusammenführung von Krankenhausdaten und vertragsärztlichen Daten im ambulanten Bereich nicht möglich.

7 Zusammenfassende Schlussbetrachtung

Um die Frage zu beantworten, ob eine stärkere Vernetzung im Gesundheitswesen eine Antwort auf die systemischen Herausforderungen ist, stellt die Bewertung von Netzwerken gerade hinsichtlich des Nutzens eine wichtige Aufgabe dar. Sydow geht sogar soweit, die Evaluation als „eine wichtige Praktik des Netzwerkmanagements" zu bezeichnen (Sydow & Auschra 2015, S. 3; vgl. Sydow & Duschek 2011, S. 188ff.). Wenn Fehlentwicklungen und Verbesserungsbedarfe in der Netzwerkarbeit durch eine kontinuierliche (Nutzen-)Evaluation frühzeitig erkannt werden, kann gezielt gegengesteuert und damit der Erfolg der Vernetzung garantiert werden (vgl. Sydow & Auschra 2015, S. 4).

7.1 Resümee

Um Netzwerke in ihrer Komplexität für den betrachteten Untersuchungsgegenstand der Arbeit einzugrenzen (Kap. 2), wurde die Spezifikation des interorganisationalen Felds erörtert. Interorganisationale Netzwerke beschäftigten sich mit der Zusammenarbeit von mehreren Organisationen (mindestens drei) im institutionellen Sinne und beziehen im Vergleich zu Unternehmensnetzwerken auch weitere Non-Profit-Organisationen mit ein (z. B. Behörden, Verbände).

In der kritischen Auseinandersetzung mit definitorischen Attributen besitzen Netzwerke im Unterschied zu weiteren Kooperationsformen meist eine längerfristige und formalisierte Organisationsstruktur. Dieser Tatbestand kam insbes. für die Auswahl der untersuchten Netzwerkmodelle im Gesundheitswesen zur Anwendung.

Das gerade in der Gesundheitsversorgung (Kap. 3) seit über 30 Jahren eine verstärkte Vernetzung vorangetrieben wird, verdeutlichen die dargestellten systemischen und gesellschaftlichen Rahmenbedingungen, insbes. die starre Trennung zwischen den Versorgungsbereichen. Der erkennbare Handlungsdruck äußert sich in gesundheitspolitischen Debatten und Reformbestrebungen, die zur Steigerung der Effektivität und Effizienz kooperative und verzahnte Lösungen fordern und fördern. Dazu wurden organisations- und sektorenübergreifende Versorgungs-formen, wie die IV und DMP aufgezeigt, sowie gesetzliche Forderungen zur Koordination und Steuerung von Patienten auch über einen Leistungsbereich hinaus (Versorgungsmanagement, Transsektorales Case Management). Die damit geschaffenen Rahmenbedingungen bieten nachhaltige Anreize für verschiedene Netzwerkmodelle und -konzepte, sind aber gleichzeitig politischen Veränderungen unterworfen: Nach dem Wegfall der Anschubfinanzierung gingen integrierte Vernetzungsformen deutlich zurück.

In einer hochgradig ausdifferenzierten Versorgungslandschaft, sind äußerst heterogene Vernetzungsaktivitäten wahrnehmbar. Um einen Eindruck davon zu vermitteln, wurden verschiedene Netzwerkdimensionen skizziert, die beispielhaft für zahlreiche Netzwerkphänomene in der Praxis stehen. Dazu gehören u. a. Motiv, Intensitität, Formalisierungsgrad, Akteursvielfalt, Kooperationsrichtung, Reichweite und Dauer. Die Auseinandersetzung mit Netzwerkdimensionen dient nicht nur der Veranschaulichung der Komplexität von Netzwerken in der Gesundheitsversorgung, sondern ermöglicht gleichzeitig eine Differenzierung und Einordnung verschieden-artiger Modelle (z. B. nach Versorgungsbereich oder Kooperationsrichtung).

Die wissenschaftliche Durchdringung von Netzwerken bleibt deutlich hinter der Anzahl und ständigen Weiterentwicklung von Kooperations- und Vernetzungsformen in der Praxis zurück. Das gilt insbes. für die Frage nach dem Nutzen (**Kap. 4**). Für einen übersichtlichen Einblick in das Forschungsfeld wurden wissenschaftliche Studien und relevante Forschungsergebnisse zusammengetragen und als tabellarische Kurzfassungen zur Verfügung gestellt. Die umfangreiche Zusammen-stellung bildet überblicksartig Erkenntnisse über positive Effekte von Netzwerken ab. Auffällig ist die begrenzte Studienlage im Gesundheitswesen. Hier setzen sich nur wenige Forschungsarbeiten mit wirkungsorientierten Fragestellungen auseinander. Über die 6 ausgewählten gesundheitsbezogenen Primärstudien wurden daher 11 weitere Forschungsbeiträge zu Unternehmensnetzwerken mit einbezogen. Gerade das so erlangte breite Spektrum an wissenschaftlichen Erkenntnissen ermöglichte Aussagen über die Wirkung von Netzwerken.

Ungeachtet der Diskrepanz zwischen der empirischen Vielfalt im Unternehmens-bereich und der eher knappen Forschungsbelege im Non-Profitbereich geben die

Studien in der Gesamtschau zahlreiche Hinweise auf positive Effekte und den Erfolg von Netzwerken. Unter den jeweiligen Evaluationsperspektiven (u. a. Erfolg, Ziele, Synergien, Vorteile, Innovation etc.) nennen die Autoren sowohl messbare Nutzenaspekte (Effects) als auch subjektiv geäußerte Kriterien (Impacts).

Da die Überschneidung ähnlicher Nutzenaspekte so groß ist wie die Anzahl verschiedener Kriterien wurde ein Kategoriensystem (**Kap.** 5) entwickelt, dass die Fülle an positiven Effekten bündelt und einordnet. Grundlage der verallgemeinerbaren Nutzenkategorien bilden v. a. Systematisierungsversuche und Ordnungsschemata, die in den untersuchten Forschungsarbeiten verwendet wurden und zum Teil in der Netzwerkforschung verbreitet sind.

In dem Schema werden die Nutzenkategorien auf zwei Ebenen unterschieden. Die erste organisationsspezifische Ebene bildet die Effekte ab, die in den Forschungsergebnissen schwerpunktmäßig beschriebenen wurden und sich für die einzelne Institution als Netzwerkmitglied ergeben. Hier zeigt sich die Parallelität und partielle Vergleichbarkeit von gesundheitsbezogenen Netzwerken mit Unternehmensnetzwerken. Unabhängig der privatwirtschaftlichen oder gemeinnützigen Ausrichtung sind Nutzen, wie die gegenseitige Unterstützung mit vorhandenen Ressourcen, das Beschaffen von Informationen oder positive Marketingeffekte, nur einige Beispiele für zahlreiche Nennungen in diesem Bereich. Aus den erforschten Kriterien und den teilweise vorhandenen Klassifikationen haben sich die folgenden Nutzenkategorien auf Ebene der <u>Organisation</u> herauskristallisiert:

- Zeit & Ressourcen
- Finanzen
- Wissen & Kompetenz
- Beziehung & Kultur
- Image & Wettbewerb

Das was interorganisationale Netzwerke im Non-Profit-Sektor von Unternehmensnetzwerken abgrenzt, ist die zusätzliche Betrachtung der gesellschaftlichen Dimension – also der System-/ Patientenebene. Auch wenn neuere Managementkonzepte sich mit Nachhaltigkeit und sozialer Verantwortung (Public Value) in Unternehmen befassen, konzentrieren sich die Effekte in den vorliegenden Studien auf betriebswirtschaftliche Auswirkungen auf die eigene Organisation. Demgegenüber stehen Nennungen, wie eine höhere Patienten-zufriedenheit, Kosteneinsparungen für Pflegeleistungen oder die zeitnahere Patientenverlegung. Schwerpunkt der gesundheitsbezogenen Studien bilden Auswirkungen auf den Patienten und das verbesserte Versorgungsergebnis. Gleichzeitig nehmen einige Netzwerke nur mittelbar auf den Patienten Einfluss oder agieren ausschließlich auf Systemebene. Somit ergeben sich die folgenden Kategorien auf System-/ Patientenebene:

- Versorgungsstruktur
- Versorgungsprozess
- Versorgungsergebnis

Mit Hilfe der aus der Netzwerkforschung entwickelten Nutzenkategorien wurden beispielhafte Netzwerkmodelle in der Praxis (**Kap. 6**) untersucht. Um das Erkenntnisinteresse nicht nur auf die Überprüfung der bereits gewonnenen Erkenntnisse zu reduzieren wurden in fünf Fallstudien mit Hilfe von leitfadengestützten Experteninterviews teilweise auch neue und bisher unberücksichtigte Aspekte gewonnen. Außerdem liegen in drei von fünf Netzwerken umfangreiche Evaluationsergebnisse vor, die quantitative Aussagen zum Netzwerkerfolg zulassen. In Kombination des exklusiven Expertenwissens (Impacts) und des zur Verfügung gestellten Datenmaterials (Effects) konnte so eine ausgewogene empirische Analyse erreicht werden. Die Fallstudien der Netzwerkmodelle

- Betriebliches Rehabilitationskonzept Salzgitter (BeReKo),
- Bremer Forum Demenz,
- Gesundes Kinzigtal (IVGK),
- Gesundheitskonferenz Essen (GKE) und
- Gesundheitsnetz Region Wedel (GRW)

enthalten Informationen zur Netzwerkbeschreibung, den organisationsspezifischen und systemspezifischen Nutzen sowie ggf. den Evaluationsmethoden. Für einen strukturierten Überblick wurden die aus den Interviews und dem Datenmaterial extrahierten Wirkungen tabellarisch zusammengefasst und den Nutzenkategorien zugeordnet.

Im Ergebnis bestätigten sich anhand der Fallstudien nicht nur Nutzenaspekte aus Theorie und Forschung. Gerade die hohe Anzahl und große Vielfalt der positiven Effekte für das (regionale) Versorgungssystem bzw. den Patienten heben sich deutlich von den Unternehmensnetzwerken ab. Das Kategorienschema konnte so weiterentwickelt und zukünftige Forschungsfragen aufgezeigt werden.

7.2   Diskussion und weiterer Forschungsbedarf

7.2.1   Heterogenität der Nutzenevaluation

Für die Anwendung valider Evaluationsverfahren sind nicht unerhebliche wissenschaftliche Kompetenzen sowie personelle Ressourcen erforderlich. Mit ein entscheidender Grund, warum in der Wirkungsforschung von Netzwerken im Gesundheitswesen bisher noch unzureichende und heterogene Ergebnisse vorliegen (s. dazu u. a. *Kap. 4.2*).

In den Fallstudien geben immerhin drei der fünf Netzwerke durch empirische Ergebnisse Hinweise auf einen Output. Dadurch können über die subjektive Expertenbewertung hinaus auch messbare Wirkungen aufgezeigt werden. So belegt die Gesundheitskonferenz Essen (GKE) nicht nur für die Netzwerkmitglieder eine verbesserte Überleitung der Patienten, sondern auch die Patienten selbst bestätigen die Verbesserung durch die Netzwerkarbeit in einer Befragung. Das Gesunde Kinzigtal (IVGK) evaluierte zahlreiche Versichertendaten und stellte sie entsprechenden Zahlen aus ganz Baden-Württemberg gegenüber. Im Ergebnis zeigte sich eine vergleichsweise höhere Versorgungsqualität in der Reichweite der Gesundheitsangebote des Netzwerks.

Eine weitere noch ausbaufähige Evaluationsebene stellen Aussagen zur Effizienz, also der Wirtschaftlichkeit, von Netzwerken dar. Um das zu belegen, sind auch dem Nutzen gegenüberstehenden Kosten zu betrachten, um letztlich den Ressourceneinsatz und ggf. -gewinn zu identifizieren. Kosten-Nutzen-Analysen sind in der Netzwerkforschung kaum zu finden. Eine Erklärung dafür ist, dass sowohl Wirkungen als auch verursachte Kosten nicht ausnahmslos auf die Netzwerkaktivität zu begrenzen sind. Zusätzlich stellt sich die Frage, ob bestimmte Nutzeneffekte auch ohne das Netzwerk erreichbar gewesen wären. Dafür sind Vergleichsanalysen notwendig. Das Gesunde Kinzigtal vergleicht dementsprechend regionale Versicherungsdaten mit ganz Baden-Württemberg und konnte feststellen, dass die Patientenversorgung im Kinzigtal 148 € günstiger ist. Eine ähnliche methodische Vorgehensweise wurde in der Studie von Alter und Soziales e. V. verfolgt, in der eine vergleichbare Region mit und ohne Netzwerkaktivität untersucht wurde. Als Ergebnis konnten deutliche Kosteneffekte im SGB V-Bereich (Vermeidung von Krankenhausaufenthalten) und SGB XI-Bereich (längerer Verbleib in der Pflegestufe 1 und 2 sowie bei Leistungsbezug durchschnittliche monatliche Kosteneinsparungen pro Bürger um 200 €) nachgewiesen werden (Alter und Soziales e. V. 2007).

Über die Evaluationsebenen der Impacts (subjektive Aussagen), sowie der Effects (messbare Wirkungen) stellt sich auch die Frage des gesellschaftlichen bzw. gesundheitssystemischen Outcomes durch die interorganisationale Vernetzung. Weder in den herangezogenen Forschungsarbeiten noch in den Fallstudien sind volkswirtschaftliche Analysen des (regionalen) Gesundheitszustandes durchgeführt worden. Bei weiterer Auseinandersetzung mit dem gesellschaftlichen Nutzen von Netzwerken im Gesundheitswesen lässt sich hier am ehesten ein weiterer Forschungsbedarf erkennen, auch wenn die Evaluationsmöglichkeit dieser Ebene durchaus kritisch betrachtet wird (s. dazu *Kap. 4.2*).

7.2.2   Netzwerknutzen auf Organisationsebene

Der klare Fokus auf den Patienten und die Veränderung des Versorgungssystems gesundheitsbezogener Netzwerke (s. *Kap. 7.2.3*) scheinen jedenfalls kein Ausschlusskriterium für Vorteile für die eigene Organisation zu sein. Die Experteninterviews sowie die Ergebnisse der Netzwerkforschung (s. u. a. *Kap. 5.2*) zeigen, dass sich durchaus zahlreiche organisationsspezifische Nutzen ergeben.

Das geht von Zeit- und Ressourcenvorteilen durch abgestimmte Strukturen und Prozesse, z. B. in der Patientenüberleitung (GKE), über kostenlose und vergünstigte Fort- und Weiterbildungsangebote (IVGK), bis zu Knüpfung und Verstetigung von Kontakten, die in der täglichen Arbeit hilfreich sind (GRW). Parallelen zu Unternehmensnetzwerken sind hierbei deutlich erkennbar. In Anwendung der Kooperationsmechanismen nach Theurl lassen sich für alle organisationsspezifischen bzw. wettbewerbsorientierten Nutzenaspekte Beispiele in den Fallstudien finden (vgl. Theurl 2010, S. 317):

- Economies of scale (Größe erreichen): z. B. die stärkere Kundentreue und Kundenakquirierung von Leistungserbringern (BeReKo)

- Economies of scope (Vielfalt ermöglichen): z. B. das Angebot zusätzlicher Gesundheits- und Präventivprogramme in der Region (IVGK)

- Economies of skills (Voneinander lernen): z. B. können die zusätzlichen Kontakte im Netzwerk auch über die jeweilige Problematik hinaus helfen (GKE)

- Economies of risks (Risiko senken): z. B. können einzelne Einrichtungen im Netzwerk ihre spezifischen Probleme äußern und eine Lösung dafür gemeinsam finden (Bremer Forum Demenz)

- Economies of speed (Geschwindigkeit erhöhen): z. B. ist in dringenden Fällen eine Überweisung der Patienten von Arztpraxis zu Arztpraxis durch das Netzwerk schneller möglich (GRW)

Als Weiterentwicklung des marktwirtschaftlichen Systematisierungsansatzes wurde das in *Kap. 5.2* entwickelte Kategorienschema, das Forschungsergebnisse aus Profit- und Non-Profit-Bereich bündelt, auf alle Fallstudien angewendet. Die Strukturierung der Nutzenaspekte in den Fallstudien war damit möglich, nichtsdestotrotz wurden geringfügige Anpassungen vorgenommen.

7.2.2.1 *Zeit & Ressourcen*

Die in der Netzwerkforschung oft gesonderte Auflistung des Zeitfaktors erweist sich auch für die Fallstudien als zielführend, da gerade dieser Parameter immer wieder erwähnt wird: Zeitersparnisse ergeben sich durch klare und erreichbare Ansprechpartner (BeReKo), ein ärztliches Patensystem (IVGK), die einheitlichen Patientenüberleitungsinstrumente und einen geregelten Informationsfluss (GKE) etc.

Damit unmittelbar im Zusammenhang nennen die Experten Ressourcenvorteile u. a. durch: die Abstimmung von Organisationsabläufen (GRW), die Einrichtung einer telefonischen Helpline (Forum Demenz Bremen) oder die Übernahme des Betrieblichen Gesundheitsmanagements durch das Netzwerk (BeReKo).

7.2.2.2 *Finanzen*

Diese Kategorie umfasst in allen ausgewählten Forschungsarbeiten – insbes. bei den Unternehmensnetzwerken – die meist genannten Nutzenkriterien. Zunächst wurde allerdings angenommen in den Fallstudien wenig Aussagen über finanzielle Aspekte zu erlangen, sodass eine Subsummierung der Kriterien unter der Kategorie „Zeit & Ressourcen" angedacht war. Aufgrund der häufigen Nennungen, konnte die Relevanz in der Netzwerkforschung und Notwendigkeit zur gesonderten Kategorisierung jedoch bestätigt werden.

Selbst klare finanzielle Anreize, wie eine projektbezogene Förderung (Bremer Forum Demenz) oder die Abrechnung einer Zusatzpauschale (IVGK), wurden in den Fallbeispielen aufgeführt. In dem Netzwerk BeReKo weisen Versichertendaten auf verringerte Krankheitsfälle, geringere Krankengeldzahlungen, verminderte Frühberentungen und geringere Kosten für Heil- und Hilfsmittel hin. Davon profitieren nicht nur Versicherter und Arbeitgeber, sondern auch die Sozialversicherungen, als beteiligte Netzwerkpartner.

7.2.2.3 Wissen & Kompetenz

Kontinuierliche – zum Teil sektorenübergreifende – Fort- und Weiterbildungsangebote (IVGK, GRW), ein fachlicher, niederschwelliger Austausch im Netzwerk (Bremer Forum Demenz), die Transparenz über Abläufe und Strukturen (BeReKo) und zusätzliche Kontakte im Netzwerk (GKE) sind nur einige Beispiele für die Expertenaussagen und Untermauerung dieser Kategorie.

7.2.2.4 Beziehung & Kultur

Erforderlich erscheint die Betrachtung und gesonderte Kategorisierung des nicht zu unter-schätzenden Faktors „Beziehung und Kultur" in Netzwerken. Auch wenn die vorwiegend wirtschaftswissenschaftlich orientierte Netzwerkforschung hierauf kaum eingeht (außer z. B. die Untersuchung von Beziehungsqualität in Unternehmensnetzwerken von Ahlert et al. 2007), zeigt sich in den Fallstudien eine hohe Relevanz von Beziehungsaspekten.

Gerade in den Experteninterviews werden zahlreiche kulturelle Effekte angesprochen. So z. B. das Verständnis füreinander (Bremer Forum Demenz), die Begegnung auf Augenhöhe (GKE), eine Verbesserung der Kommunikation (GRW) sowie die Philosophie der Zusammenarbeit (BeReKo). Die entstandene Netzwerkkultur zwischen den einzelnen Netzwerkmitgliedern wird als echter Benefit erlebt. Im GRW fördert beispielsweise der Austausch der ärztlichen Kollegen nicht nur das gegenseitige Wissen und Know-how, sondern auch das gegenseitige Vertrauen und die Hilfsbereitschaft. Daraus ergeben sich zahlreiche weitere Vorteile, wie z. B. das unkompliziertere Überweisen eines Patienten oder die gegenseitige Rücksichtnahme auf Besonderheiten einzelner Arztpraxen. Das Netzwerk erzeugt damit eine gewisse Kultur der Zusammenarbeit und Kollegialität, die zuvor in diesem Maße nicht vorhanden war. Auch wenn die Netzwerkkultur kaum als direkter Nutzen nachgewiesen werden kann ist sie ein entscheidender Faktor, der durch die qualitative Analyse deutlich bestätigt werden konnte.

In der Management-Literatur wird nur zum Teil auf die Netzwerkkultur eingegangen. Meister beschreibt nach Wohlgemuth die Netzwerkkultur in Anlehnung an die Unternehmenskultur als „die im Zeitablauf der Zusammenarbeit herausgebildeten, kooperationstypischen Werthaltungen und daraus abgeleiteten Verhaltensweisen" (Meister 2006, S. 202). Wohlgemuth misst dabei der Netzwerkkultur eine koordinierende, integrative, identitätsstiftende und motivierende und damit nicht unerhebliche Wirkung auf die Interaktion der Netzwerkpartner bei (vgl. Wohlgemuth 2002, S. 295f.) In der Summe der untersuchten Studien ist der Nutzen einer gemeinsamen Kultur/ Beziehung allerdings eher randständig erwähnt.

Angebracht werden sollte, dass die wissenschaftliche Evaluation einer gemeinsamen Kultur deutlich anspruchsvoller ist. Nur schwer lassen sich überprüfbare Indikatoren für das soziale Phänomen einer „Kultur" finden, sodass interorganisationale Beziehungen kaum methodisch zu erfassen sind. In diesem Zusammenhang stellt sich auch die Frage, ob die verbesserte Beziehung bereits für sich eine Wirkung ist, oder eher ein „Wirkfaktor", dass heißt eine Voraussetzung, die dazu beiträgt, dass positive Effekte aus der Vernetzung resultieren. Hierauf soll in *Kap. 7.4* eingegangen werden.

7.2.2.5   *Image & Wettbewerb*

Selbst Marketingaspekte, die in vielen Forschungsansätzen als wichtige Gruppierung vorgenommen werden, bestätigen sich in den Fallstudien. Beispiele gehen von einer höheren Zufriedenheit mit der Arztpraxis (GRW), über den hohen Bekanntheitsgrad und die steigende Nachfrage(IVGK) bis zu einem positiven Image als „Kümmerer" (BeReKo).

Im Vergleich zur Netzwerkforschung fällt auf, dass die organisationsspezifischen Nutzenaspekte in den Fallstudien zwar vergleichbar sind, aber fast ausschließlich Impacts darstellen. Das liegt jedoch nicht an der fehlenden Evaluation messbarer Kriterien, sondern vielmehr an dem Fokus der Untersuchungen. Die in den Fallstudien angewendeten Evaluationen verfolgen in erster Linie systembezogene Fragestellungen, wie z. B. die Ausweitung der regionalen Präventionsangebote oder die Wirkung eines indikationsspezifischen Programms.

Der Vorteil für die einzelne Organisation, sich in einem Netzwerk zu engagieren, wird aufgrund der gemeinnützigen Zielstellung im NPO-Bereich nicht in den Mittelpunkt gerückt. In der Übertragbarkeit von Studien zu Unternehmensnetzwerken kann das entwickelte Nutzenkategorien-Schema für gesundheitsbezogene Netzwerke daher als beispielhafte Systematisierung von Nutzenaspekten dienen. Neben dem systemischen Blick wird dadurch auch ein organisationsbezogener Blick auf den Nutzen von gesundheitsbezogenen Netzwerken gerichtet.

7.2.3   Netzwerknutzen auf System- / Patientenebene

Im Vordergrund gesundheitsbezogener Netzwerke steht eine verbesserte Versorgungssituation der Patienten und nicht ausschließlich die bessere Zusammenarbeit der Akteure, als Selbstzweck. Das wird über die Ergebnisse der Netzwerkforschung in allen Experteninterviews klar betont. Vorrangiges Ziel der Vernetzungsaktivitäten sollte die Optimierung der Versorgung sein.

In Anlehnung an die Qualitätsdimensionen nach Donabedian (s. *Kap. 5.3.1*) ist auf System-/ Patientenebene die Kategorisierung in Versorgungsstruktur, -prozess und -ergebnis vorgenommen wurden. Die Anwendung in den Fallstudien ist durchgängig gelungen und zeigte sich als zielführend. Gleichwohl liegen die zu diskutierenden Aspekte v. a. auf Fallebene (Patientenorientierung) und Systemebene (Veränderung der Gesundheitsversorgung), die ungeachtet der Nutzenkategorien erörtert werden sollen. Bei kritischer Reflexion des Kategorienschemas und einer erneuten Anwendung läge hier sicher Weiterentwicklungspotential.

7.2.3.1   Fokus der Patientenorientierung

Im Netzwerk BeReKo weist die Expertin darauf hin, dass der Patient nicht nur im Mittelpunkt der Arbeit steht, sondern als Teil bzw. Akteur des Netzwerks zu verstehen ist. Darin liegt die Forderung nach einer verstärkten Patientenorientierung, die auf politischer Ebene durch den SVR Gesundheit bereits 2001 proklamiert wurde. In dem Gutachten 2003 setzt sich der Rat verstärkt mit Fragen einer veränderten Patienten- bzw. Nutzerrolle auseinander und sieht die Notwendigkeit einer Kompetenzerweiterung und verstärkten Partizipation des Patienten. Ein selbst-bestimmtes Handeln und kritisches Nutzen von Gesundheitsleistungen verhelfe auch zur Verbesserung der Versorgungsqualität (vgl. Sachverständigenrat für die Konzertierte Aktion im Gesundheitswesen 2003, S. 217, 220).

Eine stärkere Berücksichtigung der Information und Mitentscheidung des Patienten zeigt z. B. im Gesunden Kinzigtal positive Ergebnisse. Ansätze, wie die gemeinsame Entscheidungsfindung zwischen Arzt und Patient („Shared Decision Making") sowie die Einführung von Case Management Strukturen führen zu einer höheren Therapietreue und Patientenzufriedenheit, was die Evaluation belegt. Außerdem konnte die Förderung der Gesundheitskompetenz („Health literacy") nachgewiesen werden, die im Netzwerk einhergeht mit der Vermeidung von Krankenhauseinweisungen und Drehtüreffekten.

Im Bremer Forum Demenz wird deutlich, dass die Maxime einer Patienten-orientierung nur erreicht wird, wenn die Leistungen sich an den individuellen Bedarfen orientieren, um am Ende für die Betroffenen passgenauere Angebote zu entwickeln. Grande spricht in diesem Kontext von „Bedarfsgerechtigkeit als Qualitätskriterium", d. h. das Versorgungsangebot passt zum Bedarf, anstelle einer ausschließlich leitliniengerechten Anwendung (Grande 2014, S. 3).

Die Zielstellung der Netzwerke, zu einer patientenorientierten Versorgung beizutragen und sich damit an den individuellen Bedarfen messen zu lassen, stellt ein klares Qualitätsmerkmal von interorganisationalen Netzwerken im Gesundheits-wesen dar. Der Erfolg bzw. der Nutzen wird letztlich immer an der Verbesserung der Patientenversorgung gemessen, was ein klares Unterscheidungsmerkmal zu Netzwerken im Profit-Bereich ist. Hier wird fast ausschließlich auf organisations-spezifische Ziele und damit Nutzen abgezielt, um v. a. Größe („economies of scale"),

Reichweite („economies of scope") und Markterfolg zu erreichen (vgl. dazu Thiemann 2004; Theurl 2010).

Ist die Patientenorientierung meist die konzeptionelle Basis für viele Vernetzungsformen, so sei hier nochmal erwähnt, dass es deutliche Unterschiede zwischen fall- und strukturbezogenen Netzwerken gibt. BeReKo agiert z. B. vorwiegend auf Fallebene, indem sich die Präventionsprogramme an einzelne Versicherte richten. Dagegen agiert die Gesunde Region Wedel ausschließlich auf Systemebene: Die Zusammenarbeit von Ärzten wird u. a. durch Fortbildungsangebote und Qualitätszirkel organisiert. Das Netzwerk greift nicht in die unmittelbare Patientenversorgung ein. Trotz allem wird auch hier indirekt zu einer patienten-orientierteren ärztlichen Versorgung beigetragen. So kommen die kürzeren Wartezeiten zwischen den ärztlichen Kollegen im Netzwerk auch dem Patienten zugute.

Patientenorientierung, als klar erkennbarer Fokus der Netzwerke sowie als politisch forciertes Ziel bildet sich in den untersuchten Forschungsberichten und Studien in *Kap. 4* nicht in dem Verhältnis ab, wie in den Fallstudien. Gerade hier sollte vermehrt in wissenschaftliche Evaluationen investiert werden, um die positive Wirkung von Netzwerken auf die proklamierte Patientenorientierung fundiert zu bestätigen und damit zukünftige Formen von Vernetzung zu fördern. Praktikable Ansatzpunkte, wie Patientenbefragungen und Analysen von Versichertendaten, sind in den Fallstudien erkennbar.

7.2.3.2   *Veränderung der Gesundheitsversorgung*

Interorganisationale Netzwerke erzielen nicht nur für den einzelnen Patienten positive Effekte, sondern auch für das regionale Versorgungsgeschehen. Bei einer eher segmentierten Versorgungslandschaft werden immer wieder Netzwerke im Gesundheitswesen initiiert, um Schnittstellenbrüche zu verhindern und damit vorhandene Strukturen zu verändern. Dass die Anpassung struktureller Rahmenbedingungen regional gelingen kann, zeigen die beispielhaften Netzwerkmodelle eindrucksvoll.

So wurde über das Bremer Forum Demenz eine differenzierte Angebotspalette von Entlastungs- und Versorgungsmöglichkeiten im Demenzbereich geschaffen. Die Gesundheitskonferenz Essen hat einheitliche und abgestimmte Überleitungsstrukturen auf kommunaler Ebene gestaltet. Im Gesunden Kinzigtal wird neben zusätzlichen Gesundheits- und Präventivprogrammen eine Zusatzvergütung über die Kostenträger abgerechnet, die sich abseits der bisherigen Finanzierungslogik sektorenübergreifend etabliert hat.

Die veränderten Versorgungsstrukturen und -prozesse wirken sich positiv auf den Gesundheitszustand der regionalen Bevölkerung aus. Das belegen die netzwerkbezogenen wissenschaftlichen Untersuchungen. Über die Befragung von Netzwerkmitgliedern und Patienten hinaus wurden so z. B. im Netzwerk BeReKo Versichertendaten ausgewertet, die Hinweise auf eine Reduktion von Arbeits- unfähigkeitszeiten, Krankheitsfällen und Frühberentungen gaben. Eine Studie der IVGK beschäftigte sich mit der Vermeidung von Über-, Unter- und Fehlversorgung im Kinzigtal. So ist z. B. der Anstieg von Notfallbehandlungen im Kinzigtal geringer als im übrigen Baden-Württemberg. Des Weiteren verringerte sich der Anteil von Versicherten mit Pflegestufe im Kinzigtal gegenüber sonstigen Regionen im Bundesland.

Sowohl die Expertenaussagen als auch die evaluierten Ergebnisse der Fallstudien zeigen, dass Netzwerke zur Überwindung der bisherigen Systemlogiken und damit zur Reduzierung von Schnittstellenbrüchen im Gesundheitswesen beitragen können. Durch die Ressourcenbündelung und Abstimmung werden in dem jeweiligen Netzwerk passgenauere Angebote geschaffen, Patienten nahtloser von einem Versorgungsbereich zum nächsten übergeleitet und sogar neue Finanzierungs- quellen erschlossen. Dadurch können Über-, Unter- und Fehlversorgung (vgl. dazu den gleichnamigen Band III des Gutachtens des Sachverständigenrat für die Konzertiere Aktion im Gesundheitswesen 2000/2001) vermieden werden. Das belegen einige aufwändige aber lohnenswerte Forschungen der Fallstudien.

Hier können die wissenschaftlichen Ergebnisse aus dem Bereich der Unternehmensnetzwerke nur wenig beitragen. I. d. R. sind die vorhandenen Rahmenbedingungen von im Wettbewerb stehender Unternehmen nicht ausgerichtet auf systemische Veränderung außerhalb der eigenen Organisation bzw. auf die Netzwerkumwelt. Ein maßgebliches Unterscheidungsmerkmal stellt die Gemeinwohl- orientierung der Non-Profit-Organisationen dar. Organisations-spezifische Nutzen- aspekte sind für die gemeinsame Zielstellung in der Netzwerkinitiierung nicht ausschlaggebend, sondern vielmehr die Verbesserung der regionalen Versorgungs- situation.

Die Regionalität ist allerdings gleichzeitig auch der einschränkende Faktor. Erfolgreiche Netzwerkmodelle scheinen sich vorwiegend auf ein spezifisches regionales Setting zu begrenzen. Die Unterschiede in den sozialräumlichen Rahmenbedingungen (z. B. Altersstruktur, Land/ Stadt, Bevölkerungszusammensetzung, Verschiedenheit von Unterstützungs- und Hilfsangeboten, bundesland- und kommunalspezifische rechtliche Regelungen) sind Heraus-forderungen, die oftmals nur schwer überregional zu steuern sind.

Hinzu kommt die Vielfalt und Heterogenität von Vernetzungsformen im Gesundheitswesen. Nicht jedes Netzwerk ist ein Garant für Erfolg und schon gar nicht für nachhaltige Überwindung von Versorgungsbrüchen. Über den Modellcharakter kommen viele Netzwerke nie hinaus. Neue Netzwerke entstehen und andere lösen sich wieder auf. Entscheidend für die langfristige Existenz der Netzwerkarbeit sind laut Experten u. a. Faktoren wie ein aktiver Netzwerktreiber oder die Fokussierung gemeinsam vereinbarter Zielstellung. Auf die sogenannten Wirkfaktoren, als notwendige Basis einer erfolgreichen Vernetzung, wird daher im Folgenden eingegangen.

7.2.4   Exkurs: Wirkfaktoren

Der ausschließliche Blick auf den Nutzen eines Netzwerkmodells bietet keine Erklärung für den mittel- oder langfristigen Erfolg eines regionalen Netzwerks. Die Frage nach dem „warum" bzw. „wie" ist zwar ausdrücklich kein Bestandteil der vorliegenden Arbeit, aber wesentlich für die Untersuchung der Entwicklung von interorganisationalen Netzwerken.

In den Expertenbefragungen sind beispielhafte Voraussetzungen genannt worden, wie z. B. das Vorliegen eines Netzwerktreibers, eine gemeinsame Zielstellung, die jeweilige Organisationsstruktur oder auch die Finanzierung des Netzwerks. Es scheint also Faktoren zu geben, die eine erfolgreiche Vernetzung und damit die langfristige Garantie für das Bestehen des Netzwerks fördern.

Mit Blick auf die Netzwerkforschung wird deutlich, dass die Betrachtung von Wirkfaktoren einen eigenen Forschungsstrang oder zumindest eine eigene Forschungsfragestellung darstellt. Die Metanalyse von Bogenstahl & Imhof beschäftigt sich z. B. nicht nur mit dem Netzwerkerfolg, sondern auch mit Netzwerkmanagementaktivitäten der Planung, Steuerung und Kontrolle, die zum Netzwerkerfolg beitragen. In den 43 untersuchten interorganisationalen Studien wurden als erfolgsrelevante Faktoren die Auswahl der Netzwerkpartner, die Koordination und Kommunikation, die Evaluation und Kontrolle sowie der Aufbau von Vertrauen betrachtet (vgl. Bogenstahl & Imhof 2009, S. 1-6).

Um herauszufinden, warum ein Netzwerk wirkungsvoll bzw. erfolgreich ist, wäre also die ausschließliche Erhebung von Effekten unzureichend. Hier sind Wirkfaktoren als förderliche oder auch hemmende Aspekte mit zu berücksichtigen. Das geht über die in dieser Arbeit verfolgte Fragestellung hinaus, lohnt sich aber in einer umfassenden Netzwerkevaluation mit zu bedenken.

7.3 Ausblick

Im Mittelpunkt aktueller Reformen stehen auch weiterhin innovative Gesundheitsprogramme und neue Versorgungsformen, um der historisch gewachsenen Sektoralisierung im Gesundheitswesen zu begegnen. So auch der ab 2016 eingesetzte Innovationsfond[1] zur Förderung sektorenübergreifender Versorgungsstrukturen: „Hier hat der Gesetzgeber (...) wieder einen Anlauf genommen, um die Integrierte Versorgung etwas mehr in Gang zu setzen" (Wille 2015, Min. 12:45).[2]

Der kontinuierliche gesundheitspolitische Ausbau gesetzlicher und struktureller Anreizsysteme für Netzwerke im Gesundheitswesen steht im Widerspruch zu der noch als unzureichend zu bewertenden wissenschaftlichen Fundierung ihres Nutzens. Fast selbstverständlich äußert der SVR Gesundheit in seinem Gutachten von 2000 / 2001 noch beachtliches Rationalisierungspotential durch eine bessere Kooperation und Vernetzung zwischen den einzelnen Versorgungsbereichen. (SVR 2000/2001 S. 86f). Umso mehr ist erfreulich, dass der 2015 mit dem GKV-VStG eingeführte Innovationsfond auch Versorgungsforschungsprojekte fördert. Erste

---

[1] Mit dem GKV-Versorgungsstrukturgesetz (GKV-VStG) 2015 wurde in § 92a Abs. 1 SGB V ein Innovationsfond geschaffen, der jährlich (zunächst von 2016 bis 2019) Fördermittel in Höhe von 300 Mio. € für neue Versorgungsformen und Versorgungsforschungsprojekte vergibt, die „eine Verbesserung der sektorenübergreifenden Versorgung zum Ziel haben und ein hinreichendes Potenzial aufweisen, in die Regelversorgung überführt zu werden" (Gemeinsamer Bundesausschuss 2015, S. 2).

[2] Videomitschnitt seines Vortrags als stellv. Vorsitzender des Rats zum Symposium "30 Jahre Sachverständigenrat Gesundheit und Sondergutachten Krankengeld" am 17.12.2015 in Berlin.

Förderbekanntmachungen werden laut dem Bundesverband Managed Care für Januar/ Februar 2016 erwartet.[3]

Interorganisationale Netzwerke im Gesundheitswesen als „eine besondere Spezies", lohnen sich näher in den Blick zu nehmen, auch und gerade unter einem wirkungsbezogenen Blickwinkel (Sydow & Auschra 2015, S. 1). Werden der Erfolg und die positiven Effekte von interorganisationaler Zusammenarbeit wissenschaftlich beleuchtet und transparent gemacht, kann entgegen einer vorwiegend politisch bzw. extrinsisch motivierten Netzwerkinitiierung und -förderung gerade auch die intrinsische Motivation, aus eigener Überzeugung Netzwerke zu gründen und zu pflegen, gesteigert werden. Beispielhaft dafür stehen erfolgreiche Netzwerkmodelle, wie z. B. das Gesunde Kinzigtal, das mit aufwändigen Evaluationen nicht nur einen Beleg für organisationsspezifische Wirkungen liefert, sondern nachdrücklich für positive gesundheitssystemische Veränderungen.

Entsprechende Netzwerkmanagementkompetenzen und die Bereitschaft zur Transparenz sind auch für das Schlussfolgern aus den evaluierten Ergebnissen notwendig, worauf Sydow hinweist. Hinsichtlich des Nutzens sind die Partikularinteressen der einzelnen Netzwerkpartner (Leistungserbringer, Leistungs- träger, Patient, Politik, etc.) nicht immer ohne weiteres zu vereinen. Mit Blick auf die angelegten Evaluationskriterien, die Auswertung und anschließende Ergebnis- darstellung darf die Akteursheterogenität daher nicht unterschätzt werden (vgl. Sydow & Auschra 2015, S. 3-4).

U. a. aus diesem Grund werden die Netzwerkevaluationen häufig von (externen) Partnern mit wissenschaftlicher Kompetenz übernommen, sodass eine gewisse Neutralität und Wissenschaftlichkeit der Ergebnisse gewährleistet ist. Diesen Weg wählen bspw. das Universitätsklinikum Essen in der Gesundheitskonferenz Essen oder das netzwerkeigene Forschungsinstitut im Gesunden Kinzigtal. Auf den nicht unerheblichen zeitlichen und finanziellen Aufwand für eine fundierte Evaluation weist u. a. die Expertin im Netzwerk BeReKo hin. Daher empfiehlt es sich, nach Ressourcen und Zielstellung kompetent abzuwägen, ob eine selbst zu bewerkstelligende maßgeschneiderte Evaluation ausreicht oder eine (extern) wissenschaftlich standardisierte Evaluation möglich ist (vgl. Sydow & Auschra 2015, S. 4f.).

---

[3] Vgl. http://www.bmcev.de/themen/innovationsfonds/, zuletzt abgerufen am 10. Januar 2016.

Gleichzeitig darf nicht unerwähnt bleiben, dass einige der evaluationserfahrenen Experten der Fallstudien auf nur schlecht bewertbare positive Wirkungen hinweisen. So wird im Netzwerk BeReKo zum Beispiel die gesteigerte Gesundheitskompetenz („health literacy") der Patienten genannt. Diese nehmen einen auch in der Wissenschaft beschriebenen Einfluss auf die Gesundheit ein und können die langfristige Gesundung positiv beeinflussen. Solche Nutzenkriterien dürfen in ihrer Gewichtung nicht hinter „linearen" Wirkungen, wie z. B. die Senkung von AU-Zeiten, zurückfallen. Die komplexen Wechselwirkungen in interorganisationalen Netzwerken sollten daher auch in ihrer Gesamtheit betrachtet und nicht auf ausschließlich messbare Effekte reduziert werden.

8   Literaturverzeichnis

ADAMEK, Raymond J. (1980): Interorganizational Landscape: A Critical Appraisal. In NEGHANDI, Anant R. (Hrsg.), *Interorganization Theory*: Kent State University.

AHLERT, Dieter (2010): Heterogenität in der Kooperationslandschaft. In AHLERT, Dieter; AHLERT, Martin (Hrsg.), *Handbuch Franchising und Cooperation - Das Management kooperativer Unternehmensnetzwerke* (S. 17-28). Frankfurt a. M.: Deutscher Fachverlag.

AHLERT, Dieter; AHLERT, Martin; WETTER, Benjamin; WOISETSCHLÄGER, David (2005): *Franchising - Erfolgsgarant für Existenzgründungen* (Studie). Münster.

AHLERT, Martin; BACKHAUS, Christof; RATH, Inga von (2007): *Network Profit Chain – Beziehungsqualität in kooperativen Unternehmensnetzwerken*. (Studie), Münster.

ALTER, Catherine; HAGE, Jerald (1993): Interorganizational Networks: A New Institution. In ALTER, Catherine; HAGE, Jerald (Hrsg.), *Organizations Working Together* (S. 1-43). Newbury Park: Sage.

ALTER UND SOZIALES E. V. (2007): *Evaluation der Effektivität und Effizienz eines integrierten Versorgungssystems für ältere hilfe- und pflegebedürftige Menschen am Beispiel der Pflege- und Wohnberatung in Ahlen* (Abschluss- und Ergebnisbericht). Abgerufen am 10.01.2016, von GKV Spitzenverband http://www.gkv-spitzenverband.de /media/dokumente/pflegeversicherung/forschung/projekte_unterseiten/evaluation/Ges amtbericht_VDAK_Ahlen_2004_bis_2007.pdf

AMELUNG, Volker E.; SCHUMACHER, Harald (2004): *Managed Care. Neue Wege im Gesundheitsmanagement* (3. Auflage). Wiesbaden: Gabler.

AMELUNG, Volker E.; SYDOW, Jörg; WINDELER, Arnold (2009a): Vernetzung im Gesundheitswesen im Spannungsfeld von Wettbewerb und Kooperation. Einleitung. In AMELUNG, Volker E.; SYDOW, Jörg; WINDELER, Arnold (Hrsg.), *Vernetzung im Gesundheitswesen. Wettbewerb und Kooperation* (S. 9-24). Stuttgart: Kohlhammer.

AMELUNG, Volker E.; SYDOW, Jörg; WINDELER, Arnold (2009b): *Vernetzung im Gesundheitswesen. Wettbewerb und Kooperation*. Stuttgart: Kohlhammer.

ARGYLE, Michael (1991): *Cooperation: the Basis of Sociability*. London: Routledge.

BACHINGER, Monika; PECHLANER, Harald; WIDUCKEL, Werner (2011): *Regionen und Netzwerke. Kooperationsmodelle zur branchenübergreifenden Kompetenzentwicklung* (1. Aufl.). Wiesbaden: Gabler.

BÄCKER, Gerhard; NAEGELE, Gerhard; BISPINCK, Reinhard; HOFEMANN, Klaus; NEUBAUER, Jennifer (2008): *Sozialpolitik und soziale Lage in Deutschland*. Band 2: *Gesundheit, Familie, Alter und Soziale Dienste* (4. Aufl.). Wiesbaden: VS.

BADURA, Bernhard (1993): Systemgestaltung im Gesundheitswesen: das Beispiel Krankenhaus. In BADURA, Bernhard; FEUERSTEIN, Günter; SCHOTT, Thomas (Hrsg.), *System Krankenhaus. Arbeit, Technik und Patientenorientierung* (Gesundheitsforschung, S. 28-40). Weinheim: Juventa.

BADURA, Bernhard; DUCKI, Antje; SCHRÖDER, Helmut; KLOSE, Joachim; MEYER, Markus (2014): *Fehlzeiten-Report 2014. Erfolgreiche Unternehmen von morgen - gesunde Zukunft heute starten*. Berlin: Springer.

BADURA, Bernhard; ISERINGHAUSEN, Olaf (2005): *Wege aus der Krise der Versorgungssituation. Beiträge aus der Versorgungsforschung*. Bern: Hans Huber.

BADURA, Bernhard; SIEGRIST, Johannes (1999): *Evaluation im Gesundheitswesen. Ansätze und Ergebnisse*. Weinheim: Juventa.

BADURA, Bernhard; WALTER, Uta; HEHLMANN, Thomas (2010): *Betriebliche Gesundheitspolitik. Der Weg zur gesunden Organisation* (2. Aufl.). Heidelberg: Springer.

BALLING, Richard (1997): *Strategische Allianzen, Netzwerke, Joint-Ventures und andere Organisationsformen zwischenbetrieblicher Zusammenarbeit in Theorie und Praxis*. Frankfurt a. M.: Peter Lang.

BARNARD, Chester I. (1968): *The Functions of the Executive* (18. Nachdruck). Cambridge: Mass.

BECKER, Thomas; DAMMER, Ingo; HOWALDT, Jürgen; KILLICH, Stephan; LOOSE, Achim (2007): *Netzwerkmanagement. Mit Kooperation zum Unternehmenserfolg* (2. Aufl.). Berlin, Heidelberg: Springer-Verlag.

BELZER, Volker (1993): *Unternehmenskooperation. Erfolgsstrategien und Risiken im industriellen Strukturwandel*. München: Mering.

BENSON, Kenneth J. (1975): The interorganizational network as a political economy. *ASQ, 20*, S. 229-249.

BESKE, Fritz; HALLAUER, Johannes F. (2011): *Das Gesundheitswesen in Deutschland. Struktur - Leistung - Weiterentwicklung* (5. Aufl.). Köln: Deutscher Ärzte-Verlag.

BLUM, Karl; FACK-ASMUTH, Werner G. (2012): Versorgung mit stationären medizinischen Einrichtungen. In HURRELMANN, Klaus; RAZUM, Oliver (Hrsg.), *Handbuch Gesundheitswissenschaften* (5. Aufl., S. 559-579). Weinheim/ München: Beltz/ Juventa.

BOGENSTAHL, Christoph (2011): *Management von Netzwerken. Eine Analyse der Gestaltung interorganisationaler Leistungsaustauschbeziehungen*. Wiesbaden: Gabler, Springer.

BOGENSTAHL, Christoph; IMHOF, Henrik (2009): Erfolgsfaktoren des Managements inter-organisationaler Netzwerke - eine narrative Metanalyse. In GEMÜNDEN, H. G. (Ed.), *TIM Working Paper Series*. Berlin: Technische Universität Berlin.

BOGNER, Alexander; LITTIG, Beate; MENZ, Wolfgang (2009): *Experteninterviews: Theorien, Methoden, Anwendungsfelder*. Wiesbaden: VS-Verl.

BÖHM, Andreas; LEGEWIE, Heiner; MUHR, Thomas (2008): *Kursus Textinterpretation: Grounded Theory* (Interdisziplinäres Forschungsprojekt ATLAS (Archiv für Technik, Lebenswelt und Alltagssprache)). Berlin: Technische Universität Berlin.

BOHNE, Eberhard; KÖNIG, Herbert (1976): Probleme der politischen Erfolgskontrolle. *Die Verwaltung, 1976*(9), S. 19-38.

BORTZ, Jürgen; DÖRING, Nicole (2006): *Forschungsmethoden und Evaluation für Human- und Sozialwissenschaftler* (4. Aufl.). Heidelberg: Springer.

BRAUN, Jochen (1999): Veränderte Blickwinkel auf Unternehmen. In WARNECKE, H.-J.; BRAUN, J (Hrsg.), *Vom Fraktal zum Produktionsnetzwerk. Unternehmens-kooperationen erfolgreich gestalten*. Berlin, Heidelberg, New York: Springer.

BRENNECKE, Ralph; SCHELP, Frank P. (1993): *Sozialmedizin*. Stuttgart: Enke.

BRONDER, Christof; PRITZL, Rudolf (1992): Ein konzeptioneller Ansatz zur Gestaltung und Entwicklung Strategischer Allianzen. In BRONDER, Christof; PRITZL, Rudolf (Hrsg.), *Wegweiser für Strategische Allianzen: Meilen- und Stolpersteine bei Kooperationen* (S. 15-46). Frankfurt a. M./ Wiesbaden: Gabler.

BRÖßKAMP-STONE, Ursel (2012): Systeme und Strukturen der Gesundheitsförderung und Prävention - internationale Perspektive. In SCHWARTZ, Friedrich W.; WALTER, Ulla; SIEGRIST, Johannes; KOLIP, Petra; LEIDL, Reiner; DIERKS, Marie-Luise; BUSSE, Reinhard; SCHNEIDER, Nils (Hrsg.), *Public Health. Gesundheit und Gesundheitswesen* (3. Aufl., S. 259-270). München: Elsevier.

BÜCHS, M.-J. (1991): Zwischen Markt und Hierarchie: Kooperationen als Koordinationsform. In ALBACH, Horst (Hrsg.), *Joint Ventures, Praxis internationaler Unternehmens-kooperation, ZfB-Ergänzungsheft 1/91*. Wiesbaden.

BÜHRMANN, Andrea D.; HORWITZ, Matthias; SCHLIPPENBACH, Sabine von; STEIN-BERGMANN, Dorothea (2013): *Management ohne Grenzen. Grenzüberschreitende Zusammen-arbeit erfolgreich gestalten*. Wiesbaden: Springer, Gabler.

BUNDESGESCHÄFTSSTELLE QUALITÄTSSICHERUNG GGMBH (2009): *Entwicklung der integrierten Versorgung in der Bundesrepublik Deutschland 2004 - 2008. Bericht gemäß § 140d SGB V auf der Grundlage der Meldungen von Verträgen zur integrierten Versorgung*. Abgerufen am 10.01.2016 http://www.bqs-register140d.de/dokumente/bericht-140d.pdf

BUNDESGESETZBLATT (2007): *Gesetz zur Stärkung des Wettbewerbs in der gesetzlichen Krankenversicherung (GKV-Wettbewerbsstärkungsgesetz – GKV-WSG)* (Teil I Nr. 11).

BUNDESVERBAND DEUTSCHER VOLKS- UND BETRIEBSWIRTE (2000): Der Kunde Patient - der kundige Patient? Dokumentation einer Podiumsdiskussion der Fachgruppe Gesundheitsökonomie im bdvb. *bdvb-special, Oktober 2000*(Heft 2), S. 1-31.

BUSSE VON COLBE, Walther; LAßMANN, Gert (1991): *Betriebswirtschaftstheorie. Bd. 1: Grundlagen, Produktions- und Kostentheorie* (5. Aufl.). Berlin, Heidelberg: Springer.

DEPPE, Hans-Ulrich (2005): *Zur sozialen Anatomie des Gesundheitssystems. Neoliberalismus und Gesundheitspolitik in Deutschland* (3. Auflage). Frankfurt a. M.: VAS.

DEUTSCHE GESELLSCHAFT FÜR CARE UND CASE MANAGEMENT (2013): *Standards und Richtlinien für die Weiterbildung: Case Management im Sozial- und Gesundheitswesen und in der Beschäftigungsförderung.* Abgerufen am 10.01.2016, von Deutsche Gesellschaft für Care und Case Management http://www.dgcc.de/wp-content/uploads/2013/08/CM_Richtlinien_07_2013.pdf

DEUTSCHES NETZWERK FÜR QUALITÄTSENTWICKLUNG IN DER PFLEGE (2009): *Expertenstandard Entlassungsmanagement in der Pflege* (1. Aktualisierung). Osnabrück: DNQP.

DIEFFENBACH, Susanne; LANDENBERGER, Margarete; WEIDEN, Guido von der (2002): *Kooperation in der Gesundheitsversorgung. Das Projekt "VerKet" - praxisorientierte regionale Versorgungsketten.* Neuwied, Kriftel: Luchterhand.

DIEKMANN, Andreas (2013): *Empirische Sozialforschung: Grundlagen, Methoden, Anwendungen.* Reinbek bei Hamburg: Rowohlt-Taschenbuch-Verl.

DIESTEL, Reinhard (2010): *Graphentheorie* (4. Aufl.). Berlin u. a.: Springer.

DONABEDIAN, Avedis (1966): Evaluating the quality of medical care. *Millbank Memorial Fund Quarterly, 44*(3), S. 166-206.

DONEY, Patricia M.; CANNON, Joseph P. (1997): An examination of the nature of trust in buyer-seller relationships. *Journal of Marketing, 61*(2), S. 35-51.

ETZIONIE, Amitai (1964): *Modern Organizations.* New Jersey: Englewood Cliffs.

ETZIONIE, Amitai; LEHMANN, Edward W. (1980): *A sociological reader on complex organizations* (3. Aufl.). New York: Holt, Rinehart & Winston.

EVERS, Michael (1998): *Strategische Führung mittelständischer Unternehmensnetzwerke* (Dissertation). München: Hampp.

EWERT, Benjamin (2012): Nutzer im Gesundheitswesen: Koproduzenten zwischen Autonomie-ansprüchen, Kompetenzanforde-rungen und Verunsicherung. *WSI Mitteilungen, 2012*(3), S. 169-178.

FLICK, Uwe (2012): *Handbuch Qualitative Sozialforschung: Grundlagen, Konzepte, Methoden und Anwendungen* (3. Aufl.). Weinheim: Psychologie Verlags Union.

FUCHS, Harry (2012): *Die Auflösung des Sozialrechtlichen Dreiecks - Herausforderungen und Konsequenzen für die Eingliederungshilfe* (Vortrag). Abgerufen am 10.01.2016, von http://www.harry-fuchs.de/docs/Die Aufloesung des Sozialrechtlichen Dreiecks.pdf

GÄFGEN, Gérard; OBERENDER, Peter (1991): *Evaluation gesundheitspolitischer Maßnahmen*. Baden-Baden: Nomos Verlagsgesellschaft.

GAMPER, Markus; RESCHKE, Linda (2010): Soziale Netzwerkanalyse. Eine interdisziplinäre Erfolgsgeschichte. In GAMPER, Markus; RESCHKE, Linda (Hrsg.), *Knoten und Kanten. Soziale Netzwerkanalyse in Wirtschafts- und Migrationsforschung* (S. 13-54). transcript: Bielefeld.

GEMEINSAMER BUNDESAUSSCHUSS (2015): *Innovationsausschuss beim G-BA hat sich konstituiert. Pressemitteilung Nr. 01 / 2015 vom 16. Oktober 2015.* Abgerufen am 10.01.2016 https://www.g-ba.de/downloads/34-215-590/01_2015-10-16_Konstituier ung-Innovationsausschuss.pdf

GENSICHEN, Jochen; MUTH, Christiane ; BUTZLAFF, Martin; ROSEMANN, Thomas; RASPE, Heiner; MÜLLER DE CORNEJO, Gabriele ; BEYER, Martin; HÄRTER, Martin; MÜLLER, Ulrich A.; ANGERMANN, Christiane E.; GERLACH, Ferdinand M.; WAGNER, Ed (2006): Die Zukunft ist chronisch: das Chronic Care-Modell in der deutschen Primärversorgung. Übergreifende Behandlungsprinzipien einer proaktiven Versorgung für chronische Kranke. *ZaeFQ, 2006*(100), S. 365-374.

GERLINGER, Thomas (2013): *Gesetzliche Regelungen zur Integration von Versorgungsstrukturen.* Abgerufen am 10.01.2016, von Bundeszentrale für politische Bildung http://www.bpb.de/politik/innenpolitik/gesundheitspolitik/156023/regelungen-zur-integration?p=all

GERLINGER, Thomas; LEHNHARDT, Uwe (2004): Von der Stagnation zum Aufbruch: Die intergierte Versorgung. In ELSNER, Gine; GERLINGER, Thomas; STEGMÜLLER, Klaus (Hrsg.), *Markt versus Solidarität. Gesundheitspolitik im deregulierten Kapitalismus.* (S. 115-128). Hamburg: VSA.

GESUNDHEITSKONFERENZ ESSEN (2015): *Die Gesundheitskonferenz Essen. Ziele - Zusammensetzung - Themen - Arbeitsweise.* Abgerufen am 10.01.2016 https://media .essen.de/media/wwwessende/aemter/53/gesundheitskonferenz/zielezusammensetz ungthemendergesundheitskonferenz.pdf

GESUNDHEITSKONFERENZ ESSEN/ PFLEGEKONFERENZ ESSEN (2011): *Das Modell „Patientenüberleitung in Essen". Wo stehen wir? Ergebnisse der Evaluation 2011.* Abgerufen am 10.01.2016, von Gesundheitskonferenz Essen https://media

.essen.de/media/wwwessende/aemter/53/gesundheitskonferenz/PraesentationPue_E valuation2011.pdf

GLASER, Barney; STRAUSS, Anselm (2010): *Grounded theory : Strategien qualitativer Forschung* (3. Aufl.). Bern: Huber.

GLASER, Barney; STRAUSS, Anselm L. (1998): *Grounded Theory. Strategien qualitativer Forschung.* Göttingen: Huber.

GLÄSER, Jochen; LAUDEL, Grit (2010): *Experteninterviews und qualitative Inhaltsanalyse als Instrumente rekonstruierender Untersuchungen.* Wiesbaden: VS-Verl.

GÖDECKER-GEENEN, Norbert; NAU, Hans (2000): Krankenhäuser: Sozialarbeit unverzichtbar. Der Bedarf wächst trotz aller Sparaktionen. *Deutsches Ärzteblatt, 2000*(41), S. 2674.

GOES, James B.; PARK, Seung Ho (1997): Interorganizational Links and Innovation: The Case of Hospital Services. *Academy of Management Journal, 40*(3), S. 673-696.

GRANDE, Gesine (2014): *Patientenorientierung im Gesundheitswesen. Zwischen Bedarf und Bedürfnissen.* Abgerufen am 10.01.2016, von Hochschule für Technik, Wirtschaft und Kultur (HTWK) Leipzig http://www.uni-bielefeld.de/gesundhw/studienangebote/fag/fachtagung/grande.pdf

GRAY, Barbara (1985): Conditions faciilitating interorganizational collaboration. *HR, 38,* S. 911-936.

GREINER, Wolfgang (2012): Methoden der gesundheitsökonomischen Evaluation. In HURRELMANN, Klaus; RAZUM, Oliver (Hrsg.), *Handbuch Gesundheitswissenschaften* (5. Aufl., S. 375-402). Weinheim, Basel: Beltz Juventa.

GREUÈL, Marius; MENNEMANN, Hugo (2006): *Soziale Arbeit in der integrierten Versorgung* (Soziale Arbeit im Gesundheitswesen, Bd. 10). München: Reinhardt.

HAGE, Jerald; ALTER, Catherine (1997): A Typology of Interorganizational Relationships and Networks. In HOLLINGSWORTH, J. Rogers; BOYER, Robert (Hrsg.), *Contemporary Capitalism: The Embeddedness of Institutions.* Cambridge: University Press.

HANSEN, Eckhard (2006): Das Case / Care Management. Anmerkungen zu einer importierten Methode: Qualitätssicherung und - management in der Sozialen Arbeit. In GALUSKE, Michael; THOLE, Werner (Hrsg.), *Vom Fall zum Management. Neue Methoden der Sozialen Arbeit* (S. 17-36). Wiesbaden: VS.

HAUBROCK, Manfred; SCHÄR, Manfred (2007): *Betriebswirtschaft und Management im Krankenhaus* (4. Aufl.). Bern: Huber.

HESS, Thomas; WOHLGEMUTH, Oliver ; SCHLEMBACH, Hans-Günther (2001): Bewertung von Unternehmensnetzwerken. Methodik und erste Erfahrungen aus einem Pilotprojekt. *Zeitschrift für Organisation, 2001*(2), S. 68-74.

HINTERHUBER, Hans H.; LEVIN, Boris M. (1994): Strategic Networks - The Organization of the Future. *Long Range Planning, 27*(3), S. 43-53.

HOFFMANN-RIEM, Christa (1984): *Das adoptierte Kind. Familienleben mit doppelter Elternschaft.* München: Fink.

HOLZER, Boris (2010): Vom Graphen zur Gesellschaft. Analyse und Theorie sozialer Netzwerke. In GAMPER, Markus; RESCHKE, Linda (Hrsg.), *Knoten und Kanten. Soziale Netzwerkanalyse in Wirtschafts- und Migrationsforschung* (S. 77-94). transcript: Bielefeld.

HURRELMANN, Klaus; RAZUM, Oliver (2012): *Handbuch Gesundheitswissenschaften* (5. Auflage). Weinheim/ München: Beltz/ Juventa.

INSTITUT FÜR ALLGEMEINMEDIZIN (2015): *Innovative Gesundheitsmodelle (InGe).* Abgerufen am 10.01.2016, von Goethe-Universität Frankfurt http://www.innovative-gesundheit smodelle.de/modelle

INSTITUT FÜR DAS ENTGELTSYSTEM IM KRANKENHAUS (2016): *Fallpauschalenkatalog 2016. G-DRG-Version 2016.* Abgerufen am 10.01.2016, von Institut für das Entgeltsystem im Krankenhaus http://www.g-drg.de/cms/content/download/6007/46040/version/1/file/ Fallpauschalen_Katalog_2016_151029.pdf?pk_campaign=drg16&pk_kwd=fpk16Pdf

INSTITUT FÜR QUALITÄT UND WIRTSCHAFTLICHKEIT IM GESUNDHEITSWESEN (2009): *Allgemeine Methoden zur Bewertung von Verhältnissen zwischen Nutzen und Kosten.* Abgerufen am 10.01.2016, von Institut für Qualität und Wirtschaftlichkeit im Gesundheitswesen (IQWiG) https://www.iqwig.de/download/Methodik_fuer_die_ Bewertung_von_Verhaeltnissen_zwischen_Kosten_und_Nutzen.pdf

INTERNATIONALES CENTRUM FÜR FRANCHISING UND COOPERATION; PRICE-WATERHOUSECOOPERS AG (2007): *Network Governance – Modische Worthülse oder Instrument zur exzellenten Unternehmensführung in kooperativen Unternehmens-netzwerken?* (Studie), Münster.

IVGK (2012a): *Psychotherapie Akut – senkt die Zahl stationärer Aufenthalte.* Abgerufen am 10.01.2016, von Gesundes Kinzigtal http://www.gesundes-kinzigtal.de/media/ documents/Auswertung_PsychoAkut_2012.pdf

IVGK (2012b): *ÄrztePlusPflege – reduziert Krankenhaus-Fälle bei Heimbewohnern.* Abgerufen am 10.01.2016, von Gesundes Kinzigtal http://www.gesundes-kinzigtal.de/ media/documents/%C3%84rztePlusPflege_final_04122012.pdf

IVGK (2012c): *Starke Muskeln-Feste Knochen – präventiv gegen Frakturen.* Abgerufen am 10.01.2016, von Gesundes Kinzigtal http://www.gesundes-kinzigtal.de/media/ documents/Auswertung_Starke-Muskeln_2012.pdf

IVGK (2012d): *Starkes Herz – erhöht die Überlebensrate der Patienten.* Abgerufen am 10.01.2016, von Gesundes Kinzigtal http://www.gesundes-kinzigtal.de/media/ documents/Auswertung_Starkes-Herz_2012.pdf

JACOBS, Dirk; LEINEWEBER, Birgit; SCHNALKE, Gerhard (2013): Betriebliche Unterstützungs-maßnahmen bei der BKK Salzgitter und der Salzgitter AG - Zukunftsweisende Maßnahme oder betriebliche Einmischung? *Die BKK, 6/2013*, S. 286-290.

KAISER, Robert (2014): *Qualitative Experteninterviews: Konzeptionelle Grundlagen und praktische Durchführung.* Wiesbaden: Springer VS.

KALUZA, Bernd (1995): Zeitmanagement. In CORSTEN, Hans; GÖSSINGER, Ralf (Hrsg.), *Lexikon der Betriebswirtschaftslehre* (3. Aufl., S. 1064-1071). München, Wien: Oldenbourg.

KAPPELHOFF, Peter (2000): Der Netzwerkansatz als konzeptioneller Rahmen für eine Theorie interorganisationaler Netzwerke. In SYDOW, Jörg; WINDELER, Arnold (Hrsg.), *Steuerung von Netzwerken. Konzepte und Praktiken* (S. 25-57). Opladen, Wiesbaden: Westdeutscher Verlag.

KARDORFF, Ernst von (1996): Die Gesundheitsbewegung - eine Utopie im Rückspiegel. In GESUNDHEITSAKADEMIE; LANDESINSTITUT FÜR SCHULE UND WEITERBILDUNG NRW (Hrsg.), *Macht - Vernetzung - Gesund? Strategien und Erfahrungen regionaler Vernetzungen im Gesundheitsbereich* (S. 15-43). Frankfurt am Main: Mabuse.

KLEMANN, Ansgar (2007): *Management sektorenübergreifender Kooperation. Implikationen und Gestaltungsempfehlungen für erfolgreiche Kooperation an der Schnittstelle von Akutversorgung und medizinischer Rehabilitation* (Band 5: Gesundheitswirtschaft. Krankenhaus-Management, Medizinrecht, Gesundheitsökonomie). Wegscheid: WIKOM GmbH.

KLEMANN, Ansgar (2009): Erfolgsfaktoren von Kooperationen zwischen Krankenhäusern und Rehabilitationseinrichtungen. In AMELUNG, Volker E.; SYDOW, Jörg; WINDELER, Arnold (Hrsg.), *Vernetzung im Gesundheitswesen. Wettbewerb und Kooperation* (S. 275-296). Stuttgart: Kohlhammer.

KOCH, Bernhard; KRÖGER, Christoph; LEINEWEBER, Birgit; MARQUARDT, Bernd (2012): Kooperation, die Wirkung zeigt - das betriebliche Rehabilitationskonzept der Salzgitter AG. In BUNDESVERBAND, BKK (Hrsg.), *BKK Gesundheitsreport 2012. Gesundheit fördern - Krankheit versorgen - mit Krankheit leben* (S. 135-141). Essen: BKK Bundesverband.

KOCH, Bernhard; KRÖGER, Christoph; LEINEWEBER, Birgit; MARQUARDT, Bernd (2013): Das Betriebliche Rehabilitationskonzept der Salzgitter AG: Kooperation, die Wirkung zeigt.

In INITIATIVE GESUNDHEIT & ARBEIT (IGA) (Hrsg.), *iga.Report 24. Betriebliches Eingliederungsmanagement in Deutschland – eine Bestandsaufnahme* (S. 41-48).

KONTOS, Georgios (2004): *Bewertung des Erfolgs von Unternehmensnetzwerken in der F&E.* (Dissertation), Rheinisch-Westfälische Technische Hochschule Aachen.

KRAUS, Sibylle (2009): Aktuelle Entwicklungen im Gesundheitswesen und ihre Auswirkungen auf die Soziale Arbeit. In ZIPPEL, Christian; KRAUS, Sibylle (Hrsg.), *Soziale Arbeit für alte Menschen. Ein Handbuch für die berufliche Praxis* (S. 73-83). Frankfurt a. M.: Mabuse.

KRAUS, Sibylle; KURLEMANN, Ulrich (2009): Die Zukunft des Gesundheitswesens. Soziale Arbeit muss in einem zukunftsfähigen System strukturell verankert werden. *FORUM sozialarbeit + gesundheit, 2009*(4), S. 21-24.

KROMREY, Helmut (2009): *Empirische Sozialforschung.* Stuttgart: Lucius & Lucius.

LAMNEK, Siegfried (2001): Befragung. In HUG, Theo (Hrsg.), *Einführung in die Forschungsmethodik und Forschungspraxis* (Wie kommt Wissenschaft zu Wissen? Bd. 2, S. 282–302). Baltmannsweiler: Schneider.

LAUTERBACH, Karl W.; STOCK, Stephanie; BRUNNER, Helmut (2009): *Gesundheitsökonomie. Lehrbuch für Mediziner und andere Gesundheitsberufe* (2. Aufl.). Hogrefe, Bern: Hans Huber.

LEGEWIE, Heiner (1994): Globalauswertung von Dokumenten. In BÖHM, Andreas; MENGEL, Andreas; MUHR, Thomas (Hrsg.), *Texte verstehen : Konzepte, Methoden, Werkzeuge. Konstanz* (Schriften zur Informationswissenschaft 14, S. 177-182). Konstanz: UVK.

LEIDL, Reiner (2012): Die Finanzierung der Gesundheitsversorgung. In SCHWARTZ, Friedrich W.; WALTER, Ulla; SIEGRIST, Johannes; KOLIP, Petra; LEIDL, Reiner; DIERKS, Marie-Luise; BUSSE, Reinhard; SCHNEIDER, Nils (Hrsg.), *Public Health. Gesundheit und Gesundheitswesen* (3., völlig neu bearb. und erw. Aufl., S. 391-403). München: Elsevier.

LEVINE, Sol; WHITE, Paul E. (1961): Exchange as a conceptual framework for the study of interorganizational relationships. *ASQ, 5*, S. 583-601.

LIEBOLD, Rolf; ZALEWSKI, Thomas (2014): *Kassenarztrecht. Kommentar* (Loseblattwerk). Berlin: ESV.

LIESCHKE, Lothar (2009): Integrierte Versorgung. Ein Modell braucht neue Impulse. *PP, 8*(12), S. 541-542.

LÖCHERBACH, Peter; HERMSEN, Thomas; ARNOLD, Jens; MONZER, Michael (2013): *Wirkungsanalyse des Fallmanagements in der Eingliederungshilfe (WiFEin).* (Abschlussbericht). Abgerufen am 10.01.2016, von Kommunalverband für Jugend und Soziales Baden-Württemberg (KVJS), http://www.kvjs.de/fileadmin/dateien/kvjs-forschung/AB_WiFEin_Internet.pdf

LUX, Thomas; MÜLLER-MIELITZ, Stefan (2014): *Wirtschaftlichkeitsanalyse der intersektoralen Vernetzung im Gesundheitswesen* (Präsentation). Abgerufen am 10.01.2016, von Universität Paderborn http://rambaldo.uni-paderborn.de/indico/getFile.py/access?contribId=229&sessionId=22&resId=1&materialId=slides&confId=0

MARIN, Bernd (1996): Generalisierter politischer Austausch. In KENIS, Patrick; SCHNEIDER, Volker (Hrsg.), *Organisation und Netzwerk: Institutionelle Steuerung in Wirtschaft und Politik*. Frankfurt: Campus.

MAYRING, Philipp (2002): *Einführung in die qualitative Sozialforschung* (5. Aufl.). Weinheim/ Basel: Beltz.

MEISTER, Florian (2006): *Etablierung von Netzwerken in der Energiewirtschaft. Change Management vor dem Hintergrund der Neufassung des Energiewirtschaftsgesetzes*. Wiesbaden: DUV.

MERSCHBÄCHER, Günter (2000): Unternehmensübergreifende Kooperation. In EICHHORN, Peter; SEELOS, Hans-Jürgen; SCHULENBURG, Johann-Matthias Graf (Hrsg.), *Krankenhausmanagement*. München, Jena: Urban & Fischer.

METZGER, Frederik (2013): *Innovation und Koordination interorganisationaler Netzwerke*. (Dissertation), Universität Mannheim, Mannheim.

MEUSER, Michael; NAGEL, Ulrike (1991): ExpertInneninterviews - vielfach erprobt, wenig bedacht. Ein Betrag zur qualitativen Methodendiskussion. In GARZ, Detlef; KRAIMER, Klaus (Hrsg.), *Qualitativ-empirische Sozialforschung. Konzepte, Methoden, Analysen* (S. 441-471). Opladen: Westdeutscher Verlag.

MEYNHARDT, Timo (2008): Public Value - oder: was heißt Wertschöpfung zum Gemeinwohl? *der moderne staat - dms, 2*, S. 457-468.

MITCHELL, James Clyde (1969): The concept and use of social networks. In MITCHELL, James Clyde (Hrsg.), *Social networks in urban situations* (S. 1-32). Manchester: Manchester Univ. Press.

MOORE, Mark (1995): *Creating Public Value - Strategic Management in Government*. Cambridge: Harvard University Press.

MORATH, Frank A. (1996): Interorganisationele Netzwerke: Dimensions - Determinants - Dynamics. In KLIMECKI, Rüdiger G. (Ed.), *Management Forschung und Praxis. Nr. 5*. Konstanz: Universität Konstanz.

MORGAN, Gareth (1986): *Images of Organization*. London, Neu Delhi: Newbury Park.

NOLAN, Richard L.; POLLOCK, Alex J.; WARE, James P. (1988): Creating the 21st Century Organization. *Stage by Stage, 8*(4), S. 1-11.

NUTBEAM, Don (2000): Health literacy as a public health goal: a challenge for contemporary health education and communication strategies into the 21st century. *Health Promotion International, 15*(3), S. 259-267.

NYSTROM, Paul C.; STARBUCK, William H. (1981): *Handbook of organizational design*. Oxford ; New York: Oxford University Press.

OBERENDER, Peter; FLECKENSTEIN, Julia (2005): Betriebswirtschaftliche Aspekte von Kooperationen der Leistungserbringer im Gesundheitswesen. In HALBE, Bernd; SCHIRMER, Horst D. (Hrsg.), *Handbuch Kooperationen im Gesundheitswesen* (Loseblattsammlung, Aufsatz E 1600). Heidelberg: medhochzwei.

PENROSE, Edith T. (1959): *The Theory of the Growth of the Firm*. Oxford: Blackwell.

PFAFF, Holger; BENTZ, Joachim; OMMEN, Oliver; ERNSTMANN, Nicole (2012): Qualitative und quantitative Methoden der Datengewinnung. In SCHWARTZ, Friedrich W.; WALTER, Ulla; SIEGRIST, Johannes; KOLIP, Petra; LEIDL, Reiner; DIERKS, Marie-Luise; BUSSE, Reinhard; SCHNEIDER, Nils (Hrsg.), *Public Health. Gesundheit und Gesundheitswesen* (S. 451-466). München: Elsevier.

PFEFFER, Jeffrey; SALANCIK, Gerald R. (1978): *The external control of organizations : a resource dependence perspective*. New York: Harper & Row.

POWELL, Walter W. (1990): Neither Market nor Hierarchy: Netzworking Forms of Organization. *Research in Organizational Behavior, 12*, S. 295-336.

POWELL, Walter W.; KOPUT, Kenneth W.; SMITH-DOERR, Laurel (1996): Interorganizational Collaboration and the Locus of Innovation: Networks of Learning in Biotechnology. *Administrative Science Quarterly 41*(1), S. 116-145.

PRACHT, Arnold; WOLKE, Reinhold (2009a): Finanzierung und Finanzmanagement. In ARNOLD, Ulli; MAELICKE, Bernd (Hrsg.), *Lehrbuch der Sozialwirtschaft* (3. Aufl., S. 497-524). Baden-Baden: Nomos.

RAUTENSTRAUCH, Thomas; GENEROTZKY, Lars; BIGALKE, Tim (2003): *Kooperationen und Netzwerke. Grundlagen und empirische Ergebnisse*. Lohmar/ Köln: Josef Eul.

REIß, Michael (1998): Mythos Netzwerkorganisation. *Zeitschrift Führung + Organisation, 1998*(67), S. 224-229.

RIEF, Alexander (2008): *Entwicklungsorientierte Steuerung strategischer Unternehmens-netzwerke*. Wiesbaden: Gabler, GWV.

RIGGERS, Bernd (1998): *Value System Design - Unternehmenssteigerung durch strategische Unternehmensnetzwerke*. (Dissertation), Universität St. Gallen, Bamberg.

ROSENBROCK, Rolf (1992): *Gesundheitspolitik*. Berlin: WZB.

ROSENBROCK, Rolf; GERLINGER, Thomas (2014): *Gesundheitspolitik. Eine systematische Einführung* (3. Aufl.). Bern: Hans Huber.

RÖßL, Dietmar (1994): *Gestaltung komplexer Austauschbeziehungen: Analyse zwischen betrieblicher Kooperation*. Wiesbaden: Gabler.

ROTERING, Christian (1990): *Forschungs- und Entwicklungskooperationen zwischen Unternehmen*. Stuttgart.

RÜSCHMANN, Hans-Heinrich; ROTH, Andrea; KRAUSS, Christian (2000): *Vernetzte Praxen auf dem Weg zu managed care? Aufbau - Ergebnisse - Zukunftsvision*. Berlin, Heidelberg, New York: Springer.

SACHVERSTÄNDIGENRAT FÜR DIE KONZERTIERE AKTION IM GESUNDHEITSWESEN (2000/2001): *Bedarfsgerechtigkeit und Wirtschaftlichkeit. Band III: Über-, Unter- und Fehlversorgung* (Kurzfassung). Abgerufen am 10.01.2016 http://www.svr-gesundheit .de/fileadmin/user_upload/Gutachten/2000-2001/Kurzf-de-01.pdf

SACHVERSTÄNDIGENRAT FÜR DIE KONZERTIERTE AKTION IM GESUNDHEITSWESEN (1994): *Gesundheitsversorgung und Krankenversicherung 2000. Eigenverantwortung, Subsidiarität und Solidarität bei sich ändernden Rahmenbedingungen*. (Sachstandsbericht 1994). Baden-Baden: Nomos.

SACHVERSTÄNDIGENRAT FÜR DIE KONZERTIERTE AKTION IM GESUNDHEITSWESEN (1995): *Gesundheitsversorgung und Krankenversicherung 2000. Mehr Ergebnisorientierung, mehr Qualität und mehr Wirtschaftlichkeit* (Sondergutachten 1995). Baden-Baden: Nomos.

SACHVERSTÄNDIGENRAT FÜR DIE KONZERTIERTE AKTION IM GESUNDHEITSWESEN (2003): *Finanzierung, Nutzerorientierung und Qualität. Band I: Finanzierung und Nutzerorientierung* (Gutachten 2003). Baden-Baden: Nomos.

SACHVERSTÄNDIGENRAT ZUR BEGUTACHTUNG DER ENTWICKLUNG IM GESUNDHEITSWESEN (2007): *Kooperation und Verantwortung. Voraussetzungen einer zielorientierten Gesundheitsversorgung* (Gutachten). Baden-Baden: Nomos.

SACHVERSTÄNDIGENRAT ZUR BEGUTACHTUNG DER ENTWICKLUNG IM GESUNDHEITSWESEN (2009): *Koordination und Integration - Gesundheitsversorgung in einer Gesellschaft des längeren Lebens* (Sondergutachten). Baden-Baden: Nomos.

SACHVERSTÄNDIGENRAT ZUR BEGUTACHTUNG DER ENTWICKLUNG IM GESUNDHEITSWESEN (2012): *Wettbewerb an der Schnittstelle zwischen ambulanter und stationärer Gesundheitsversorgung* (Sondergutachten). Bern: Hans Huber.

SCHAEFER, Sigrid (2008): *Controlling und Informationsmanagement in Strategischen Unternehmensnetzwerken. Multiperspektivische Modellierung und interorganisationale Vernetzung von Informationsprozessen* (neue betriebswirtschaftliche forschung 365). Wiesbaden: Gabler, GWV.

SCHNELL, Rainer; HILL, Paul B.; ESSER, Elke (2013): *Methoden der empirischen Sozialforschung.* Oldenbourg: Wissenschaftsverlag GmbH.

SCHNURR, Simone (2011): *Singularisierung im Alter. Altern im Kontext des demographischen Wandels.* Berlin: LIT.

SCHOLL, Armin (2009): *Die Befragung.* Konstanz: UVK.

SCHREYÖGG, Georg; SYDOW, Jörg (2007): *Kooperation und Konkurrenz* (Managementforschung 17). Wiesbaden: Gabler, GWV.

SCHULENBURG, Johann-Matthias Graf; GREINER, Wolfgang (2013): *Gesundheitsökonomik* (3. Aufl.). Tübingen: Mohr Siebeck.

SCHULZ, Andrea ; KUNISCH, Monika (2009): Beratungs- und Unterstützungsangebote für ältere Menschen und ihre Angehörigen. In ZIPPEL, Christian; KRAUS, Sibylle (Hrsg.), *Soziale Arbeit für alte Menschen. Ein Handbuch für die berufliche Praxis* (S. 300-317). Frankfurt a. M.: Mabuse.

SCHWARTZ, Friedrich W. (2012): Public Health - Zugang zu Gesundheit und Krankheit der Bevölkerung, Analysen für effektive und effiziente Lösungsansätze. In SCHWARTZ, Friedrich W.; WALTER, Ulla; SIEGRIST, Johannes; KOLIP, Petra; LEIDL, Reiner; DIERKS, Marie-Luise; BUSSE, Reinhard; SCHNEIDER, Nils (Hrsg.), *Public Health. Gesundheit und Gesundheitswesen* (3., völlig neu bearb. und erw. Aufl., S. 3-6). München: Elsevier.

SCHWARTZ, Friedrich W.; KICKBUSCH, Ilona; WISMAR, Matthias; KRUGMANN, Caroline S. (2012): Ziele und Strategien der Gesundheitspolitik. In SCHWARTZ, Friedrich W.; WALTER, Ulla; SIEGRIST, Johannes; KOLIP, Petra; LEIDL, Reiner; DIERKS, Marie-Luise; BUSSE, Reinhard; SCHNEIDER, Nils (Hrsg.), *Public Health. Gesundheit und Gesundheitswesen* (3. Aufl., S. 243-258). München: Elsevier.

SCHWARTZ, Friedrich W.; WALTER, Ulla; SIEGRIST, Johannes; KOLIP, Petra; LEIDL, Reiner; DIERKS, Marie-Luise; BUSSE, Reinhard; SCHNEIDER, Nils (2012): *Public Health. Gesundheit und Gesundheitswesen* (3. Aufl.). München: Elsevier.

SEILER, Kai (2004): Interorganisationale Kooperationsnetzwerke im Anwendungsfeld 'Sicherheit und Gesundheit bei der Arbeit' *Schriftenreihe der Bundesanstalt für Arbeitsschutz und Arbeitsmedizin.* Dortmund/ Berlin/ Dresden: Bundesanstalt für Arbeitsschutz und Arbeitsmedizin (BAuA).

SIEBERT, Holger (2010): Ökonomische Analyse von Unternehmensnetzwerken. In SYDOW, Jörg (Hrsg.), *Management von Netzwerkorganisationen : Beiträge aus der "Managementforschung"* (5. Aufl., S. 7-28). Wiesbaden: Gabler & GWV.

SIEGEL, Achim; STÖßEL, Ulrich (2011): *Kurzbericht zur Evaluation der Integrierten Versorgung Gesundes Kinzigtal.* Abgerufen am 10.01.2016, von Evaluations-Koordinierungs-

stelle Integrierte Versorgung (EKIV) http://www.ekiv.org/pdf/EKIV-Evaluations
bericht_2010_Kurzfassung_fin_2011-02-24.pdf

SOBHANI, Bidjan; KERSTIN, Thomas (1999): Kooperation ist, wenn man's trotzdem macht.
führen & wirtschaften im krankenhaus, 1999(6), S. 512-515.

SOCIAL INVEST CONSULT (2006): *Sektorenübergreifende Kooperation und Vernetzung. Ein
kooperatives Modellvorhaben zur Überwindung von Schnittstellenproblemen in der
geriatrischen Versorgung* (Abschlussbericht). Abgerufen am 10.01.2016, von
Bayrisches Staatsministerium für Arbeit und Soziales, Familie und Integration
(StMAS) http://www.stmas.bayern.de/imperia/md/content/stmas/stmas_internet/seni
oren/modell-sektoruebergr.pdf

STAUDT, Erich ; KRIEGESMANN, Bernd ; THIELEMANN, Frank ; BEHRENDT, Sabine (1996):
*Kooperationsleitfaden. Planungshilfen und Checklisten zum Management zwischen-
betrieblicher Kooperationen.* Stuttgart u. a.

STEINBACH, Rolf (1999): Expansion mit der richtigen Unternehmensstrategie. Wachstum im
Mittelstand. *t&m - Technologie & Management, 48*(2), S. 8-11.

STRAUSS, Anselm L. ; CORBIN, Juliet (1996): *Grounded Theory: Grundlagen qualitativer
Sozialforschung.* Weinheim: Beltz/PVU.

STRÜBING, Jörg (2003): Theoretisches Sampling. In BOHNSACK, Ralf; MAROTZKI, Winfried;
MEUSER, Michael (Hrsg.), *Hauptbegriffe qualitativer Sozialforschung. Ein Wörterbuch*
(S. 154-156). Opladen: Leske + Budrich.

SYDOW, Jörg (1995): Netzwerkorganisation. Interne und externe Restrukturierung von
Unternehmungen. *WiSt, 1995*(24), S. 629-634.

SYDOW, Jörg (2005): *Strategische Netzwerke. Evolution und Organisation* (1. Aufl., 6.
Nachdr.). Wiesbaden: Gabler.

SYDOW, Jörg (2010a): *Management von Netzwerkorganisationen: Beiträge aus der
"Managementforschung"* (5. Aufl.). Wiesbaden: Gabler & GWV.

SYDOW, Jörg (2010b): Über Netzwerke, Allianzsysteme, Verbünde, Kooperationen und
Konstellationen. In SYDOW, Jörg (Hrsg.), *Management von Netzwerkorganisationen :
Beiträge aus der "Managementforschung"* (5. Aufl., S. 1-6). Wiesbaden: Gabler &
GWV.

SYDOW, Jörg; AUSCHRA, Carolin (2015): *Zum Nutzen von Rehabilitationsnetzwerken -
Netzwerkevaluation aus betriebswirtschaftlicher Perspektive.* Abgerufen am
10.01.2016, von Deutsche Vereingung für Rehabilitation (DVfR), http://www.reha-
recht.de/fileadmin/user_upload/Diskussionsforen/Forum_E/2015/E5-2015_Zum_
Nutzen_von_Rehabilitationsnetzwerken_-_Netzwerkevaluation_aus_
betriebswirtschaftlicher_Perspektive.pdf

SYDOW, Jörg; DUSCHEK, Stephan (2011): *Management interorganisationaler Beziehungen. Netzwerke - Cluster - Allianzen*. Stuttgart: Kohlhammer.

SYDOW, Jörg; WINDELER, Arnold (2000): *Steuerung von Netzwerken. Konzepte und Praktiken*. Opladen/ Wiesbaden: Westdeutscher Verlag.

THEURL, Theresia (2010): Die Kooperation von Unternehmen: Facetten der Dynamik. In AHLERT, Dieter; AHLERT, Martin (Hrsg.), *Handbuch Franchising und Cooperation - Das Management kooperativer Unternehmensnetzwerke* (S. 313-343). Frankfurt am Main: Deutscher Fachverlag.

THIEMANN, Jörg (2004): *Die Bewertung von Unternehmensnetzwerken auf Basis vertraglicher Kooperation*. Berlin: Rhombos-Verlag.

TRIST, Eric (1983): Referent organizations and the development of interorganizational domains. *HR, 36*, S. 269-284.

TRIST, Eric (1985): Intervention strategies for interorganizational domains. In TANNENBAUM, R.; MARGULIES, N.; MASSARIK, F. (Hrsg.), *Human systems development* (S. 167-197). San Francisco: Jossey-Bass.

TROSCHKE, Jürgen von; MÜHLBACHER, Axel (2005): *Grundwissen Gesundheitsökonomie - Gesundheitssystem - Öffentliche Gesundheitspflege* (Querschnittsbereiche, Bd. 3). Bern: Huber.

UNIVERSITÄTSKLINIKUM ESSEN (2008): *Evaluation des Modells "Patientenüberleitung in Essen"*. (Abschlussbericht), Institut für Medizinische Informatik, Biometrie und Epidemiologie (IMIBE), Essen.

VOIGT, Kai-Ingo; WETTENGL, Steffen (1999): Innovationskooperationen im Zeitwettbewerb. In ENGELHARD, Johann; SINZ, Elmar J. (Hrsg.), *Kooperation im Wettbewerb: Neue Formen und Gestaltungskonzepte im Zeichen von Globalisierung und Informationstechnologie* (S. 411-443). Wiesbaden: Gabler.

VOß, Wolfgang (2002): *Ganzheitliche Bewertung von Unternehmensnetzwerken. Konzeption eines Bewertungsmodells*. Frankfurt a. M.; Berlin; Bern; Bruxelles; New York; Oxford; Wien: Lang.

WELGE, Martin K.; AL-LAHAM, Andreas (2012): *Strategisches Management. Grundlagen - Prozess - Implementierung*. Wiesbaden: Springer Gabler.

WILLE, Eberhard (1986): Effizienz und Effektivität als Handlungskriterien im Gesundheitswesen, insbesondere im Krankenhaus. In WILLE, Eberhard (Hrsg.), *Informations- und Planungsprobleme in öffentlichen Aufgabenbereichen* (Staatliche Allokationspolitik im marktwirtschaftlichen System, S. 91-126). Frankfurt am Main/ Berlin/ New York: Peter Lang.

WILLE, Eberhard (2015): *Vortrag zum Symposium "30 Jahre Sachverständigenrat Gesundheit und Sondergutachten Krankengeld"* am *17.12.2015 in Berlin* (Videoaufnahme). Abgerufen am 10.01.2016, von Sachverständigenrat zur Begutachtung der Entwicklung im Gesundheitswesen https://www. youtube.com/watch?v=slQSPAbkCK4&index=4&list=PL6W8NUmiDlpwlDQFdPrsAAe PeeiaH-Hqu

WIRTSCHAFTS- UND SOZIALWISSENSCHAFTLICHES INSTITUT DÜSSELDORF (1976): *Integrierte medizinische Versorgung : Notwendigkeit, Möglichkeiten, Grenzen. WSI-Forum am 25. und 26. April 1975* (WSI-Studie zur Wirtschafts- und Sozialforschung 32). Köln: Bund-Verlag.

WOHLGEMUTH, Oliver (2002): *Management netzwerkartiger Kooperationen. Instrumente für die unternehmensübergreifende Steuerung.* Wiesbaden: DUV.

ZOLLONDZ, Hans-Dieter (2011): *Grundlagen Qualitätsmanagement. Einführung in die Geschichte, Begriffe, Systeme und Konzepte* (3. Aufl.). München: Oldenbourg.

The manufacturer's authorised representative in the EU is Springer
Nature Customer Service Centre GmbH, Europaplatz 3, 69115 Heidelberg,
Germany. If you have any concerns regarding our products, please
contact ProductSafety@springernature.com

Printed and bound by CPI Group (UK) Ltd, Croydon, CR0 4YY

23/04/2026

02095645-0006